I0041249

PRINCIPAUTÉ DE MONACO.

CODE
D'INSTRUCTION CRIMINELLE

MONACO

—

1874

PRINCIPAUTÉ DE MONACO.

CODE

D'INSTRUCTION CRIMINELLE

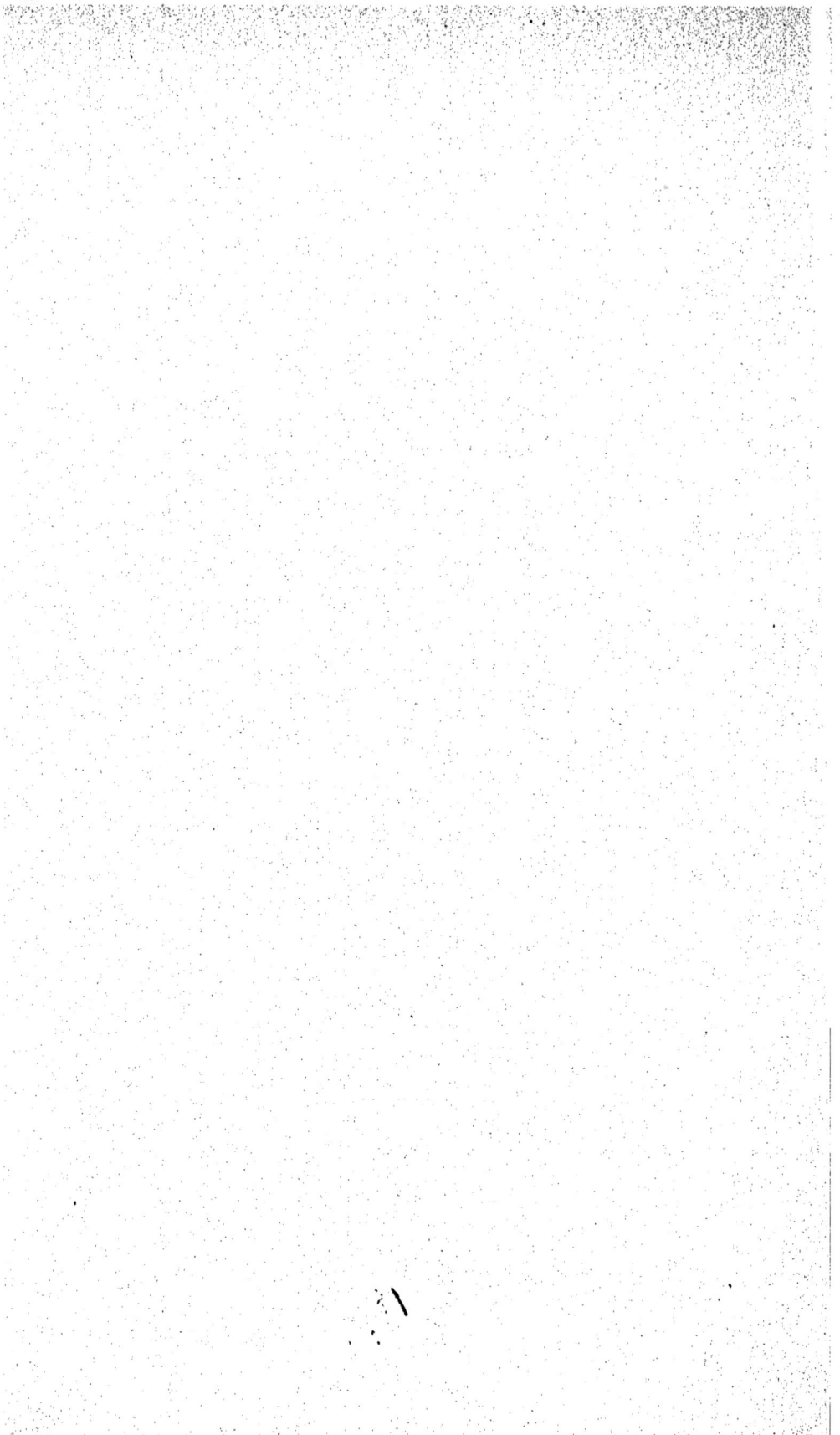

PRINCIPAUTÉ DE MONACO.

—

CODE

D'INSTRUCTION CRIMINELLE

NICE

TYPOGRAPHIE ET LIBRAIRIE S. C. CAUVIN ET Cᵉ
Rue de la Préfecture, 6.

—

1874

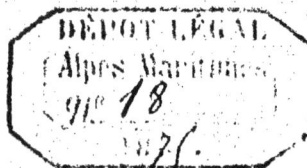

DÉPOT LÉGAL
(Alpes Maritimes)
9ᵉ 18
1875.

©.

CODE D'INSTRUCTION CRIMINELLE.

CHARLES III,

Par la grâce de Dieu, Prince Souverain de Monaco,

Sur la proposition de la Commission Législative nommée par Nous;

Notre Conseil d'État entendu;

Avons ordonné et ordonnons :

A compter du 1er mars 1874, il ne sera reconnu d'autre texte officiel du Code d'Instruction Criminelle que celui dont la teneur suit :

LIVRE PREMIER.

TITRE PREMIER.
DISPOSITIONS PRÉLIMINAIRES.

CHAPITRE Ier
DES CRIMES, DÉLITS ET CONTRAVENTIONS.

ART. 1er— Les infractions aux lois sont qualifiées, selon les circonstances, *crimes*, *délits* ou *contraventions* et déférées aux Tribunaux criminels, correctionnel ou de simple police, d'après les distinctions établies au présent Code pour l'application des peines édictées par le Code Pénal.

2. — Les crimes sont passibles de peines afflictives et infamantes ou simplement infamantes et déférés au Tribunal criminel.

3. — Les délits sont punis de peines correctionnelles et portés devant le Tribunal correctionnel.

4. — La connaissance des contraventions est attribuée au Juge de Police qui applique les peines de simple police.

CHAPITRE II.

DE L'ACTION PUBLIQUE ET DE L'ACTION CIVILE.

5. — L'action publique pour l'application des peines n'appartient qu'aux fonctionnaires auxquels elle est confiée par la loi.

6. — L'action civile en réparation du dommage causé par un crime, par un délit ou par une contravention, peut être exercée par tous ceux qui ont souffert de ce dommage.

7. — L'action publique, pour l'application de la peine, s'éteint par la mort de l'inculpé.

L'action civile, pour réparation du dommage, peut être exercée contre l'inculpé et contre ses représentants.

L'une et l'autre action s'éteignent par la prescription, ainsi qu'il est réglé au Livre II, Titre V, Chapitre IV, *de la prescription*. Art. 612 et suivants du présent Code.

8. — L'action publique contre un délit de suppression d'état ne peut être intentée qu'après le jugement définitif sur la question d'état.

9. — L'action civile peut être poursuivie en même temps et devant les mêmes juges que l'action publique.

Elle peut aussi être poursuivie séparément : dans ce cas, l'exercice en est suspendu tant qu'il n'a pas été statué définitivement sur l'action publique intentée avant ou pendant la poursuite de l'action civile.

10. — Si dans le cours d'une instance civile, il résulte de la procédure, des débats ou des pièces produites, des indices d'un crime ou d'un délit et que les auteurs ou complices soient vivants, et la poursuite non éteinte par la prescription, le Président, si le fait incriminé est passible de l'emprisonnement, pourra, sur la réquisition du Ministère Public ou d'office, décerner mandat d'amener contre les inculpés.

11. — Si le fait incriminé se rattache au fond de l'action civile, il sera sursis à statuer sur l'action civile jusqu'après le jugement sur l'action publique.

12. — La renonciation à l'action civile ne peut arrêter ni suspendre l'exercice de l'action publique.

13. — L'action publique, pour l'application des peines établies par la loi, est toujours exercée sans préjudice de l'action civile en restitution et dommages-intérêts qui peuvent être dus aux parties lésées.

CHAPITRE III.

DE LA POURSUITE DES CRIMES ET DÉLITS COMMIS HORS DE LA PRINCIPAUTÉ PAR DES SUJETS OU PAR DES ÉTRANGERS TROUVÉS DANS LA PRINCIPAUTÉ.

14. — Tout sujet qui, hors de la Principauté, se sera rendu coupable d'un crime attentatoire à la sûreté de l'Etat, de contrefaçon des sceaux ou des monnaies de l'Etat, de papiers nationaux, de billets de banques autorisées, pourra être poursuivi, jugé et puni d'après les lois de la Principauté.

15. — Cette disposition pourra être étendue aux étrangers, qui, auteurs ou complices des mêmes crimes, seraient arrêtés dans la Principauté, ou dont l'extradition serait obtenue.

16. — Tout sujet inculpé d'un crime commis hors du territoire de la Principauté contre un Monégasque, pourra, à son retour dans la Principauté, y être poursuivi et jugé, à la requête du Ministère Public ou sur la plainte de la partie offensée ou lésée; sauf à l'inculpé, à opposer l'exception de la chose jugée et l'exécution qu'elle aurait eue en pays étranger.

17. — Dans le cas de délit commis hors de la Principauté, les auteurs ou complices, sujets ou étrangers, ne pourront être poursuivis que sur la plainte ou à la requête de la partie lésée ou offensée.

18. — Les inculpés, sujets ou étrangers, arrêtés dans la Principauté, détenteurs d'objets qui sont le produit du vol, de l'escroquerie ou de l'abus de confiance, ou porteurs de pièces de conviction d'un crime ou d'un délit, pourront être poursuivis et jugés dans la Principauté.

19. — Lorsqu'il s'agira d'informations à suivre hors de la Principauté, il pourra être procédé par commission rogatoire et par voie diplomatique.

20. — Réciproquement s'il est nécessaire de procéder dans la Principauté à des informations sur un crime ou sur un délit commis et poursuivi dans un autre Etat, il pourra être procédé par commission rogatoire du juge saisi, adressée par la voie diplomatique au Juge d'instruction de la Principauté.

21. — Le magistrat, qui aura procédé par commission rogatoire, adressera par la même voie, les actes d'instruction clos et cachetés au juge saisi.

22. — L'extradition réciproque des malfaiteurs aura lieu conformément aux conventions internationales.

CHAPITRE IV.

DES PERSONNES POURSUIVIES,
DES ACTES DE POURSUITE ET DES DÉCISIONS JUDICIAIRES.

§ I.
Des personnes poursuivies.

23. — Les personnes poursuivies comme auteurs ou complices d'un crime, d'un délit ou d'une contravention sont désignées par l'appellation générale d'*inculpés*, jusqu'à leur renvoi devant la juridiction qui doit en connaître.

Après l'ordonnance de renvoi les inculpés déférés au Tribunal criminel sont appelés *accusés;*

Ceux renvoyés en police correctionnelle sont appelés *prévenus;*

Ceux qui doivent être jugés par le Tribunal de simple police sont appelés *contrevenants.*

§ II.
Des actes de poursuite.

24. — L'action publique est exercée à la requête du Ministère Public, par voie de réquisition.

25. — Les crimes, les délits, les contraventions et les actes d'information sont constatés par des procès-verbaux.

26. — Les témoins sont appelés à déposer par

des citations ou par des mandats de comparution ou d'amener dans les cas prévus par le présent Code.

27. — Il est décerné contre les inculpés des mandats de comparution, d'amener, de dépôt ou d'arrêt; ils sont appelés devant le Tribunal compétent par des assignations.

§ III.
Des décisions judiciaires.

28. — Le Juge d'instruction et la Chambre du Conseil statuent par des ordonnances.

29. — Le Tribunal correctionnel et celui de simple police prononcent des jugements contradictoires ou par défaut;

Le Tribunal criminel rend des arrêts contradictoires ou par contumace.

TITRE II.
DE LA POLICE JUDICIAIRE
ET DES OFFICIERS DE POLICE QUI L'EXERCENT.

—

CHAPITRE Ier

DE LA POLICE JUDICIAIRE.

30. — La police judiciaire recherche les crimes, les délits et les contraventions; elle en rassemble les preuves et en livre les auteurs aux Tribunaux chargés de les punir.

31. — Elle est exercée, sous l'autorité du Tribunal Supérieur, suivant les distinctions ci-après établies :

    Par les Carabiniers et les Agents de police,
    Par les Commissaires de police,
    Par le Maire,
    Par le Juge de paix,
    Par l'Avocat Général,
    Par le Juge d'instruction.

32. — Le Gouverneur Général peut faire personnellement, ou requérir les officiers de police judiciaire, chacun en ce qui les concerne, de faire tous actes nécessaires à l'effet de constater les crimes, les délits et les contraventions et d'en livrer les auteurs et les complices aux Tribunaux compétents.

CHAPITRE II.

DES OFFICIERS DE POLICE AUXILIAIRE.

33. — Le maire, le juge de police, les commissaires de police, les officiers des carabiniers recherchent les contraventions de police.

Ils veillent à l'observation des ordonnances, arrêtés, règlements de police, dans toute l'étendue de la Principauté;

Ils reçoivent les rapports, les dénonciations, les plaintes qui y sont relatifs ;

Ils consignent dans des rapports, ou dans des procès-verbaux, la nature et les circonstances des contraventions, le temps et le lieu où elles ont été commises, les preuves ou indices à la charge de ceux qui en sont présumés les auteurs.

34. — Ils reçoivent aussi les dénonciations de tous crimes ou délits autres que ceux qu'ils sont chargés de constater et les transmettent, sans délai, à l'Avocat Général.

35. — Dans le cas de flagrant délit, ils peuvent faire tous actes nécessaires dans les formes et suivant les règles établies au présent Code. Ils en donnent avis, sans délai, à l'Avocat Général et au Juge d'instruction.

36. — Les Carabiniers sont spécialement chargés de constater les délits et les contraventions relatifs au transport, à la circulation, à la vente des marchandises prohibées, et aux délits ruraux ; ils suivent les choses enlevées dans les champs et dans les bois et celles introduites clandestinement : ils ne peuvent néanmoins pénétrer dans les maisons , ateliers, bâtiments, cours adjacentes et enclos, qu'en se conformant à la loi.

37. — Les objets introduits clandestinement dans la Principauté seront saisis.

Les bestiaux trouvés en délit seront mis en séquestre.

38. — Le procès-verbal de saisie sera signé par

ceux qui l'auront dressé, par celui contre lequel il sera dressé et par l'officier de police judiciaire en présence duquel il aura été fait. Si l'inculpé n'est pas présent, ne peut ou ne veut signer, il en sera fait mention.

39. — Le procès-verbal de saisie dressé par les Carabiniers, affirmé dans les vingt-quatre heures devant le Juge de paix, fera foi jusqu'à inscription de faux.

40 — Dans les autres cas, les rapports et procès-verbaux des Carabiniers et des autres Officiers de police judiciaire assermentés feront foi jusqu'à preuve contraire, si le Tribunal juge que cette preuve doive être admise.

41. — Les Commissaires de police exercent les fonctions d'officiers de police judiciaire, chacun dans toute l'étendue de la Principauté.

42. — Les propriétaires qui voudront avoir des gardes particuliers pour la conservation de leurs propriétés, devront en faire la demande au Gouverneur Général de la Principauté.

43. — Les gardes particuliers seront choisis, proposés et nommés par les propriétaires; mais leur nomination devra être approuvée par le Gouverneur Général.

44. — Les gardes particuliers n'exerceront leurs fonctions qu'après l'enregistrement de leur commission et la prestation du serment devant le Tribunal Supérieur.

45. — Ils n'opéreront que dans l'étendue des

propriétés pour la garde desquelles ils auront été commissionnés.

46. — Ils se conformeront aux prescriptions de la loi pour constater les délits et les contraventions, lorsqu'ils suivront les objets enlevés ou qu'ils procéderont aux visites et aux saisies.

Ils mettront en séquestre les bestiaux surpris en contravention.

47. — Ils arrêteront et conduiront devant l'Avocat Général ou autre officier de police judiciaire, tout inconnu ou étranger surpris en flagrant délit de vol, de maraudage ou de dégâts.

48. — Ils pourront requérir directement l'assistance de la force publique pour la constatation des délits et contraventions, pour la recherche et la saisie des produits de la terre, volés, vendus ou achetés en fraude, et pour l'arrestation des inconnus ou étrangers surpris en flagrant délit.

49. — Les gardes particuliers rapporteront exactement dans leurs procès-verbaux les faits constatés et les réponses des personnes contre lesquelles ils verbaliseront; ils les signeront avec les contrevenants ou délinquants, ou mentionneront le refus ou l'impossibilité de signer de ces derniers.

50. — Dans les cas de saisie et de séquestre, la déposition verbale des gardes et des témoins pourra être reçue pour prouver les délits et les contraventions. En cas d'insuffisance d'un procès-verbal, il pourra être corroboré ou débattu par les preuves que le Tribunal jugera à propos d'admettre.

51. — Les délits et contraventions constatés par les gardes particuliers seront poursuivis de la même manière et devant les mêmes Tribunaux que les autres délits et contraventions, à la requête des propriétaires lésés, sauf l'intervention du Ministère Public, s'il y a lieu.

L'action civile et l'action publique seront prescrites dans les mêmes délais que pour tous autres délits et contraventions.

52. — Les Carabiniers et Agents de police, les Commissaires de police, le Maire, le Juge de police, sont placés, quant aux fonctions d'officier de police judiciaire, sous la surveillance de l'Avocat Général et sous l'autorité du Tribunal Supérieur, sans préjudice de leur subordination à l'égard de leurs supérieurs dans l'administration.

53. — Ils auront dans l'exercice de leurs fonctions, comme l'Avocat Général et le Juge d'instruction, le droit de requérir directement la force publique et même toute personne, de leur prêter main-forte.

54. — En cas de négligence des Officiers de police judiciaire, l'Avocat Général les avertira ; cet avertissement sera consigné par lui sur un registre tenu à cet effet au Parquet.

55. — S'il y a récidive, l'Avocat Général les dénoncera au Tribunal Supérieur.

56. — La juridiction disciplinaire à l'égard des Officiers de police judiciaire sera exercée par le Tribunal Supérieur en assemblée générale et en Chambre du Conseil.

Elle sera poursuivie d'office par le Tribunal ou à la requête du Ministère Public, ou sur la provocation du Président du Tribunal, quand bien même il n'aurait pas été donné d'avertissement préalable.

57. — Le Tribunal leur enjoindra d'être plus exacts à l'avenir et les condamnera aux frais tant de la citation que de l'expédition de l'ordonnance.

58. — Il y aura récidive lorsque le fonctionnaire sera repris, de nouveau, pour quelque affaire que ce soit, avant l'expiration d'une année, à compter du jour de l'avertissement consigné sur le registre.

59. — Les délibérations et les décisions disciplinaires seront transcrites sur un registre coté et paraphé par le Président. Ce registre sera communiqué à l'Avocat Général à sa première demande et le registre des avertissements tenu au Parquet sera aussi communiqué au Tribunal à sa première demande.

CHAPITRE III.

DES DÉNONCIATIONS, DES PLAINTES ET DES PARTIES CIVILES.

§. 1.

Des dénonciations et des plaintes.

60. — Toute autorité, tout fonctionnaire ou officier public, toute personne qui aura connaissance d'un crime ou d'un délit, sera tenue d'en donner avis sur-le-champ à l'Avocat Général, et de transmettre à ce magistrat les renseignements en son pouvoir de nature à mettre la justice sur la voie des coupables.

61. — Dans les cas où l'action publique ne peut être exercée que sur la plainte de la partie lésée, celle-ci sera tenue, lors même qu'elle ne serait pas partie civile, de faire le dépôt au Greffe des frais présumés nécessaires, à moins qu'elle ne justifie de son indigence par un certificat du Maire visé par le Gouverneur Général.

62. — Les dénonciations et les plaintes seront rédigées par les dénonciateurs et plaignants ou par leurs fondés de procuration spéciale, ou par l'Officier de police judiciaire qui les recevra, s'il en est requis: elles seront toujours signées par l'Officier de police judiciaire à chaque feuillet et par les dénonciateurs ou plaignants, ou par leurs fondés de pouvoir.

Si les dénonciateurs, plaignants, ou fondés de pouvoir ne savent ou ne veulent pas signer, il en sera fait mention.

63. — La procuration demeurera toujours annexée à la dénonciation ou à la plainte, et le dénonciateur ou plaignant pourra s'en faire délivrer une copie à ses frais.

64. — Il sera tenu au Parquet de l'Avocat Général un registre sur lequel seront portées toutes les plaintes et dénonciations, dans l'ordre de leur présentation, avec la désignation des plaignants, des inculpés, de l'objet de la plainte, des suites qu'elle aura, des décisions intervenues.

§. II.

Des parties civiles.

65. — Toute personne qui se prétendra lésée par un crime ou par un délit, pourra en porter plainte à l'Avocat Général ou au Juge d'instruction et se constituer partie civile, en le déclarant, soit par la plainte, soit par acte subséquent, en tout état de cause, jusqu'à la clôture des débats, et prendre des conclusions en dommages-intérêts, si elle s'est mise en mesure pour la garantie des frais.

66. — Elle pourra se départir dans les vingt-quatre heures de sa constitution, lorsque le jugement ne sera pas encore prononcé et, dans ce cas, elle ne sera pas tenue des frais depuis la signification de son désistement au Ministère Public et à l'inculpé, sans préjudice des dommages-intérêts que pourra réclamer l'inculpé, s'il y a lieu.

67. — Pourront porter plainte et se constituer partie civile, le mari, pour sa femme, les ascendants pour leurs enfants mineurs, les tuteurs et curateurs pour leurs pupilles.

68. — L'adultère ne pourra être dénoncé que par le mari, et cette faculté cessera s'il a été convaincu, sur la plainte de sa femme, d'avoir entretenu une concubine dans le domicile conjugal.

69. — Le mari restera le maître d'arrêter les poursuites contre sa femme et même l'effet de la condamnation en consentant à reprendre sa femme.

70. — L'adultère du mari ne pourra être dénoncé par la femme que si le mari a entretenu une concubine dans le domicile conjugal.

71. — Toute partie civile sera tenue d'élire domicile dans la Principauté, par acte passé au Greffe du Tribunal Supérieur, faute d'avoir fait élection de domicile, elle ne pourra opposer le défaut de signification contre les actes qui auraient dû lui être signifiés aux termes de la loi.

72. — Dans les matières de police correctionnelle et de simple police la partie lésée pourra s'adresser au Tribunal compétent par citation directe visée par l'Avocat Général et par le Juge d'instruction.

Elle sera réputée partie civile par le seul fait de la citation directe. Elle devra, avant toute poursuite, déposer au Greffe du Tribunal la somme présumée nécessaire pour les frais de la procédure, à moins qu'elle ne justifie de son indigence.

73. — L'étranger qui se portera partie civile devra, indépendamment du dépôt de la somme présumée nécessaire pour les frais de la procédure, fournir caution solvable pour la garantie du paiement de tous les frais et dommages-intérêts, à moins qu'il ne possède, dans la Principauté, des immeubles d'une valeur libre plus que suffisante.

CHAPITRE IV.

DE L'AVOCAT GÉNÉRAL ET DU JUGE D'INSTRUCTION.

74. — L'Avocat Général est chargé de la recherche et de la poursuite des crimes et délits.

Il pourvoit à l'exécution des ordonnances rendues par le Juge d'instruction et par la Chambre du Conseil.

75. — Il reçoit les dénonciations et les plaintes qui lui sont portées directement, ainsi que tous rapports, procès-verbaux, renseignements qui lui sont transmis par les Officiers de police judiciaire ou par toute autre voie sur les crimes et les délits.

76. — Il fait citer directement devant le Tribunal correctionnel les auteurs et complices des délits dont la constatation ne nécessite ni une instruction préalable, ni l'arrestation des inculpés.

77. — Il renvoie sans délai au Juge d'instruction, avec son réquisitoire écrit, les plaintes, les dénonciations, pièces, instruments saisis, et tous les documents relatifs aux crimes et délits qui exigent une information à laquelle le Juge d'instruction procède seul, hors les cas de flagrant délit.

78. — En cas d'empêchement, l'Avocat Général est remplacé par son Substitut, et à défaut de celui-ci par un Juge suppléant commis à cet effet par le Président du Tribunal Supérieur.

CHAPITRE V.

DU FLAGRANT DÉLIT.

79. — Le crime ou le délit qui se commet, ou qui vient de se commettre, est un flagrant délit.

Sont aussi réputés flagrant délit :

1° Le cas où l'inculpé est poursuivi par la clameur publique ;

2° Celui où il est trouvé nanti d'effets, armes, instruments ou papiers faisant présumer qu'il est l'auteur ou le complice du fait incriminé, pourvu que ce soit dans un temps voisin du crime ou du délit.

80. — Les attributions faites à l'Avocat Général pour les cas de flagrant délit lui sont aussi conférées toutes les fois qu'il s'agira d'un fait non flagrant commis dans l'intérieur d'une maison, si le chef de cette maison ou ceux qui l'habitent requièrent l'intervention de la police.

81. — Dans tous les cas de flagrant délit, lorsque le fait sera de nature à entraîner une peine afflictive ou infamante, l'Avocat Général, ou celui qui en remplira les fonctions, se transportera immédiatement sur les lieux pour y dresser les procès-verbaux nécessaires à l'effet de constater le corps du délit, son état, l'état des lieux, et pour recevoir les déclarations des personnes qui auraient été présentes ou qui auraient des renseignements à fournir.

82. — L'Avocat Général donnera avis de son transport au Juge d'instruction, sans être tenu de l'attendre pour procéder ; il pourra écrire lui-même les procès-verbaux et les dépositions des témoins en la forme ordinaire, ou à titre de simples renseignements ; il pourra aussi se faire assister du Greffier en chef du Tribunal Supérieur ou du Greffier de la Justice de Paix et même désigner toute autre personne pour en remplir les fonctions après serment prêté de garder le secret sur tous les actes de l'information.

83. — L'Avocat Général pourra appeler à son procès-verbal les parents, voisins, domestiques et toutes personnes présumées pouvoir donner des éclaircissements sur le fait ; il recevra leurs déclarations qu'ils signeront ; les parties, si elles sont présentes, signeront les procès-verbaux auxquels elles auront assisté, et, en cas de refus ou d'impossibilité de signer, il en sera fait mention.

84. — Il pourra défendre que qui que ce soit sorte de la maison, ou y pénètre, ou s'éloigne du lieu, jusqu'à la clôture de son procès-verbal.

Tout contrevenant à cette défense, s'il peut être saisi, sera déposé dans la maison d'arrêt.

La peine encourue pour cette contravention sera prononcée par le Juge d'instruction, sur les conclusions de l'Avocat Général, le contrevenant cité et entendu ; ou par défaut s'il ne comparaît pas, sans autre formalité ni délai, et sans opposition ni appel.

La peine sera de cinq à dix jours de prison et de cinquante à cent francs d'amende ou l'une de ces deux peines seulement.

85. — L'Avocat Général se saisira des armes et de

tout ce qui paraîtra avoir servi ou avoir été destiné à la perpétration du crime ou du délit, ainsi que de tout ce qui paraîtra en avoir été le produit, enfin de tout ce qui pourra servir à la manifestation de la vérité.

86. — Si la preuve du crime ou du délit peut être acquise par les papiers ou autres pièces et effets en la possession de l'inculpé, l'Avocat Général se transportera tout de suite dans le domicile de l'inculpé et dans tout autre endroit où besoin sera, pour y faire les perquisitions qu'il jugera utiles à la manifestation de la vérité.

87. — L'Avocat Général saisira tous les objets pouvant servir à conviction ou à décharge et en dressera procès-verbal.

88. — Les objets saisis seront clos et cachetés ou mis dans un vase ou dans un sac, sur lequel sera attachée une bande de papier scellée du sceau de l'Avocat Général.

89. — Si les objets saisis sont sujets à détérioration, ils pourront être restitués ou vendus, excepté ceux nécessaires à l'instruction.

90. — Les opérations prescrites par les articles précédents seront faites en présence de l'inculpé, s'il est arrêté, tous les objets à conviction ou saisis lui seront présentés à l'effet de les reconnaître et de les parapher, s'il y a lieu.

L'inculpé pourra être contraint par la force d'assister à la constatation des faits, de l'état des lieux, à la vérification et à la reconnaissance des objets saisis; il sera fait mention de toutes ces circonstances au procès-verbal, ainsi que des réponses, explications ou observations de l'inculpé et de son refus de le signer s'il ne peut ou ne veut signer.

91. — Lorsque le fait sera de nature à entraîner une peine afflictive ou infamante, l'Avocat Général fera saisir les individus contre lesquels il existera des indices graves.

92. — Si l'inculpé n'est pas présent, l'Avocat Général décernera contre lui un mandat d'amener.

93. — L'Avocat Général interrogera sur-le-champ l'inculpé présent ou amené devant lui.

94. — La dénonciation seule ne constitue pas une présomption suffisante pour décerner un mandat d'amener contre un individu domicilié dans la Principauté.

95. — Les procès-verbaux de l'Avocat Général seront faits en la présence et revêtus de la signature à chaque feuillet, des personnes qui y auront assisté; en cas de refus ou d'impossibilité de signer de la part de celles-ci, il en sera fait mention.

96. — L'Avocat Général se fera accompagner, au besoin, d'une ou de deux personnes présumées, par leur art ou profession, capables d'apprécier la nature et les circonstances du crime ou délit.

97. — S'il s'agit de coups et blessures, ou d'une mort violente, ou d'une mort dont la cause est ignorée ou suspecte, l'Avocat Général se fera assssister d'un ou de plusieurs médecins ou chirurgiens, qui prêteront préalablement serment de donner leur avis en leur honneur et conscience. Ils feront leur rapport sur la nature, le nombre, la gravité des blessures, en indiquant comment elles ont pu être produites ; s'il en est résulté une incapacité de travail, la durée présumée de l'incapacité de travail, et du temps nécessaire à la guérison. Dans le cas de mort violente ils constateront les causes de la mort, l'état du cadavre, les moyens à l'aide desquels le crime a été ou a pu être commis ; le temps écoulé depuis la mort.

98. — L'Avocat Général pourra ordonner l'exhumation et l'autopsie du cadavre.

99. — Dans le cas où les personnes de l'art refuseraient de déférer à la réquisition de l'Avocat Général, elles seraient punies d'une amende de vingt-cinq à cent francs, prononcée par le Juge d'instruction sur les conclusions de l'Avocat Général.

100. — Si le cadavre n'est pas reconnu, l'Avocat Général prendra toutes les mesures pouvant servir à constater son identité par le signalement, les signes particuliers, les vêtements, les déclarations des personnes qui l'auraient vu et par tous autres moyens.

101. — Si le cadavre n'est pas retrouvé, l'existence antérieure de la victime sera constatée ainsi que l'époque à partir de laquelle elle aura cessé de paraître, ou de donner de ses nouvelles et les indices pouvant suppléer à la constatation du corps de délit.

102. — Les cadavres ne seront inhumés, ou déplacés, qu'en vertu d'une ordonnance du Juge d'instruction, ou de l'Avocat Général.

103. — Lorsqu'il s'agira de vol ou autre crime commis avec escalade, effraction ou autre circonstance aggravante, l'Avocat Général procédera aussi à la visite des lieux avec l'assistance des gens de l'art s'il est nécessaire, il constatera les vols commis et recueillera tous les renseignements utiles.

104. — L'expert qui demandera une indemnité sera taxé par le magistrat instructeur ; il en sera fait mention au procès-verbal.

105. — L'Avocat Général transmettra sans délai au Juge d'instruction les procès-verbaux, actes, pièces et instruments dressés ou saisis, avec son réquisitoire, pour être procédé à la continuation de l'information.

L'inculpé restera sous la main de la justice en état de mandat d'amener.

106. — Dans tous les cas de flagrant délit, ou réputés flagrant délit, et toutes les fois qu'il s'agira d'un crime ou d'un délit, même non flagrant, commis dans l'intérieur d'une maison où ceux qui l'habitent requièrent l'intervention de la police, le Juge d'instruction fait directement lui-même, sans être requis, ni assisté par l'Avocat Général, tous les actes attribués à ce magistrat par les articles 79 à 103; il peut requérir sa présence, sans néanmoins retarder d'informer.

107. — Si le Juge d'instruction survient lorsque l'Avocat Général a commencé d'informer sur un flagrant délit, le Juge d'instruction continue l'information; il peut même s'il le juge utile, refaire les actes auxquels il a été procédé par l'Avocat Général.

108. — L'Avocat Général survenant pendant

l'information commencée par le Juge d'instruction sur un flagrant délit, peut prendre connaissance des actes déjà dressés et faire les réquisitions qu'il juge nécessaires, sans interrompre les opérations du Juge d'instruction qui n'est tenu de statuer sur les réquisitions de l'Avocat Général qu'après les opérations commencées.

109. — Dans les cas de flagrant délit, ou de réquisition de la part d'un chef de maison ou des habitants de la maison, si le fait emporte peine afflictive ou infamante, tout dépositaire de la force publique, et même toute personne, sera tenu de saisir l'inculpé et de le conduire devant l'Avocat Général, sans qu'il soit besoin d'un mandat d'amener.

110. — Dans le cas de l'article précédent, tout officier de police judiciaire sera tenu d'avertir ou de faire avertir immédiatement l'Avocat Général et le Juge d'instruction.

En attendant l'arrivée de ces magistrats, il prendra toutes les précautions nécessaires pour que les preuves du crime ou du délit ne puissent pas disparaître; il pourra même en cas d'urgence, procéder aux actes d'instruction, aux visites et à la saisie des objets; il transmettra, sans délai, à l'Avocat Général les dénonciations, les procès-verbaux, les objets saisis et tous les renseignements recueillis.

CHAPITRE VI.

DE L'INSTRUCTION HORS LES CAS DE FLAGRANT DÉLIT.

§ Ier

De la recherche des preuves et du corps du délit.

111. — Hors les cas de flagrant délit, de réquisition de la part d'un chef de maison ou des habitants de la maison, ou d'un péril imminent, aucune perquisition n'aura lieu, pendant la nuit, dans l'intérieur d'une maison contre le gré de celui qui l'habite, sauf à faire cerner et surveiller la maison durant le reste de la nuit.

La visite commencée le jour pourra être continuée la nuit.

112. — Les hôtels, auberges, cabarets et les maisons ouvertes au public peuvent être visités pendant la nuit, même aux heures où ils doivent être fermés et où ils sont fermés.

113. — Dans tous les cas où l'Avocat Général, le Juge d'instruction, le Président, ont à faire des actes d'instruction, ils peuvent déléguer ces fonctions au Juge de paix, en se réservant de délivrer eux-mêmes les mandats s'il y a lieu.

114. — Hors les cas de flagrant délit ou réputés flagrant délit, ou de réquisition de l'intérieur d'une maison, l'Avocat Général instruit, soit par une dé-nonciation, soit par toute autre voie, qu'il a été commis un crime ou un délit, transmettra, sans retard, au Juge d'instruction les dénonciations, plaintes, pièces et documents divers relatifs aux crimes et délits. Il requerra le Juge d'instruction d'ordonner qu'il en soit informé; même de se transporter, s'il est besoin, sur les lieux, à l'effet d'y dresser tous les procès-verbaux nécessaires.

115. — Hors les cas de flagrant délit, le Juge d'instruction informé directement d'un crime ou d'un délit, ne fait aucun acte d'instruction ou de poursuite qu'il n'ait donné communication des dénonciations, plaintes et documents à l'Avocat Général, qui peut, en outre, requérir cette communication à toutes les époques de l'information, à la charge de rendre les pièces dans les vingt-quatre heures.

Néanmoins, le Juge d'instruction délivrera, s'il y a lieu, le mandat d'amener et même le mandat de dépôt, sans que ces mandats doivent être précédés des conclusions de l'Avocat Général.

116. — Dans le cours de l'information, le Juge d'instruction est investi des pouvoirs les plus étendus, comme dans les cas de flagrant délit, pour constater les faits incriminés; il procède aux perquisitions, aux visites domiciliaires, à la saisie de tout ce qui peut servir à la manifestation de la vérité, il décerne des mandats de comparution, d'amener et de dépôt; l'Avocat Général ne peut intervenir que par des réquisitions écrites.

117. — Le Juge d'instruction est tenu de motiver les ordonnances contraires aux réquisitions de l'Avocat Général.

L'exécution en est suspendue si l'Avocat Général requiert qu'il soit statué par la Chambre du Conseil, dont la décision est obligatoire.

118. — Le Juge d'instruction se transporte, s'il en est requis ou d'office, soit au domicile de l'inculpé ou des inculpés, soit en tout autre lieu pour y faire les constatations et les perquisitions jugées utiles ; dans ce cas, il procède comme il est prescrit par les articles 81 et suivants en présence de l'inculpé ou des inculpés: les pièces de conviction et les objets saisis leur sont représentés, ils sont confrontés, s'il y a lieu, entre eux et avec les témoins. Le procès-verbal mentionne toutes les circonstances de la perquisition, des constatations, de la présentation des pièces de conviction aux inculpés, de la confrontation des témoins avec les inculpés, des témoins entre eux et des réponses des inculpés.

119. — Le procès-verbal sera signé par le Juge, par le Greffier, par l'inculpé, et par les personnes qui y auront été appelées, après lecture faite, et déclaration de l'inculpé et des témoins qu'ils persistent dans leurs réponses ou explications et dépositions.

120. — Si l'inculpé n'est pas détenu, si son refus ou d'autres circonstances ne permettent pas de faire les constatations et les perquisitions en sa présence, le procès-verbal le constatera.

121. — Lorsque le Juge d'instruction se transportera sur les lieux, il en donnera avis à l'Avocat Général ; il sera accompagné de ce magistrat.

122. — Le Greffier en chef du Tribunal assistera

le Juge d'instruction; en cas d'empêchement, il sera remplacé par le Greffier de la Justice de Paix, ou par toute autre personne désignée par le Juge d'instruction et qui prêtera préalablement serment devant lui, de remplir ses fonctions avec exactitude et loyauté et de ne rien divulguer de ce qui sera révélé dans l'instruction.

123. — Dans les cas, où d'après le Code Pénal, les circonstances feraient disparaître, ou atténueraient la criminalité des faits, l'information devra mettre en évidence les faits d'excuse allégués à la décharge des inculpés.

§ II.
De l'audition des témoins.

124. — Le Juge d'instruction fera citer devant lui les personnes qui auront été indiquées par la dénonciation, par la plainte, par l'Avocat Général ou autrement, comme ayant connaissance soit du crime ou du délit, soit de ses circonstances.

125. — Les témoins seront cités par un huissier, ou par un agent de la force publique, à la requête de l'Avocat Général.

126. — L'exploit de citation au témoin portera en tête copie de la cédule délivrée par le Juge d'instruction.

127. — Si le témoin n'est pas trouvé à son domicile, ou à sa demeure, l'exploit sera remis à ses parents ou domestiques, à défaut au Maire qui visera l'original.

La cédule et l'original de citation seront ensuite déposés au Greffe pour être joints aux pièces de l'information.

128. — Les témoins pourront être appelés par une simple invitation, mais ils ne seront tenus de venir déposer que par une citation.

129. — Ils seront entendus séparément, hors de la présence de l'inculpé et des autres témoins, par le Juge d'instruction, assisté de son Greffier.

130. — Ils représenteront, avant d'être entendus, la citation qui leur aura été donnée.

131. — Le Juge d'instruction leur demandera leurs nom, prénoms, âge, lieu de naissance, état, profession, demeure, s'ils sont domestiques, parents ou alliés des parties et à quel degré.

Avant de déposer, les témoins prêteront serment de dire toute la vérité, rien que la vérité.

132. — Le Juge d'instruction leur fera connaître les faits sur lesquels ils seront appelés à déposer.

133. — Les témoins feront leur déposition oralement.

134. — Le Juge d'instruction adressera aux témoins, s'il le juge nécessaire, des questions et des observations pour appeler leur attention sur les circonstances importantes et pour rendre leurs dépositions plus précises, plus claires, plus complètes.

135. — Si un témoin est sourd-muet, ou s'il est étranger et ne comprend ni la langue française, ni la langue italienne, ni l'idiome du pays, le Juge d'instruction pourra appeler et nommer un interprète auquel il fera prêter serment de traduire fidèlement la déposition du témoin.

Si le sourd-muet sait écrire, il écrira sa déposition devant le magistrat instructeur.

136. — Les dépositions des témoins seront écrites par le Greffier, sous la dictée du Juge d'instruction; les témoins pourront dicter eux-mêmes leurs dépositions et leurs réponses.

137. — Elles seront écrites sans blanc ni interligne, ni rature; signées du Juge, du Greffier et du témoin, après que lecture lui en aura été faite et qu'il aura déclaré y persister.

Si le témoin ne peut ou ne veut signer, il en sera fait mention.

138. — Chaque page du cahier d'information sera signée par le Juge et par le Greffier.

Les surcharges, les ratures et les renvois seront approuvés et signés par le Juge, le Greffier et le témoin.

Les surcharges, les ratures et les renvois non approuvés, seront réputés non avenus.

139. — Le procès-verbal de chaque déposition contiendra la mention de la présentation de la citation; de la demande à chaque témoin de ses nom, prénoms, âge, état, profession et demeure; s'il est domestique, parent ou allié des parties et à quel degré; et de ses réponses; de la nomination et de la prestation de serment de l'interprète, dans les cas où le ministère d'un interprète est nécessaire; de la lecture de la déposition avant la signature; de la déclaration du témoin qu'il y a persisté; et, s'il y a lieu, de son refus ou de son impuissance de signer.

140. — Si un témoin représente des papiers ou effets pouvant servir à établir la culpabilité ou l'innocence de l'inculpé, le Juge d'instruction en ordonnera le dépôt; les papiers seront paraphés par le témoin, le Juge et le Greffier; les objets non susceptibles d'être paraphés seront décrits, une bande de papier y sera attachée et paraphée par le témoin, le Juge et le Greffier.

141. — Si le transport du Juge d'instruction paraît utile pour recevoir des explications, ou pour tout autre motif, le Juge se rendra sur les lieux assisté du Greffier.

142. — Lorsqu'un acte de l'information n'aura pu être entièrement achevé ou rédigé dans la même séance, il sera clos et signé par les personnes qui y sont intervenues, pour être repris à une séance suivante.

143. — Ne pourront être entendus en témoignage :

1° Les enfants au-dessous de l'âge de quinze ans;

2° Les ascendants et les descendants directs ;

3° Les frères, les sœurs, les oncles et tantes, les neveux et nièces ;

4° Les alliés au même degré ;

5° Le mari et la femme, même après la séparation de corps de l'inculpé ;

6° Les dénonciateurs dont la dénonciation est récompensée pécuniairement par la loi ;

7° Ceux qui auront encouru la perte des droits civils par suite de condamnations ;

8° Ceux dont l'interdiction de rendre témoignage en justice aura été prononcée par jugement ;

Néanmoins, leur déposition pourra être reçue sans prestation de serment à titre de renseignement, sans que l'audition de ces personnes puisse opérer nullité, lors même que l'Avocat Général, la partie civile ou les inculpés se seraient opposés à ce qu'elles fussent entendues.

144. — Les actes d'instruction peuvent être faits les dimanches et autres jours fériés.

145. — Toute personne citée pour être entendue en témoignage sera tenue de comparaître et de satisfaire à la citation : sinon, elle pourra y être contrainte par le Juge d'instruction, qui, à cet effet, sans autre formalité ni délai, et sans appel, prononcera une amende qui n'excédera pas cinquante francs et pourra ordonner que la personne citée sera contrainte par corps à venir donner son témoignage.

146. — Le témoin ainsi condamné, qui, sur une seconde citation, produira des excuses légitimes, pourra être déchargé de l'amende.

147. — Le témoin qui refusera de prêter serment ou de déposer pourra également être condamné à une amende de vingt à cent francs.

148. — Les avocats, défenseurs, notaires, confesseurs, médecins, chirurgiens, pharmaciens, sages-femmes, et toutes autres personnes ne pourront être obligés de déposer sur les faits qui leur auront été confiés dans l'exercice de leur état, profession ou ministère.

149. — Chaque témoin qui demandera une indemnité, sera taxé par le Juge d'instruction; il en sera fait mention au procès-verbal.

150. — Lorsqu'il sera constaté, par le certificat d'un médecin ou d'un chirurgien, que des témoins se trouvent dans l'impossibilité de comparaître sur la citation, le Juge d'instruction, s'il y a urgence, se transportera en leur demeure, assisté de son Greffier.

151. — Si le témoin auprès duquel le Juge d'instruction se sera transporté, n'était pas dans l'impossibilité de comparaître sur la citation qui lui avait été donnée, le Juge d'instruction pourra prononcer contre lui une amende de cinquante francs au plus, et décerner, s'il y a lieu, un mandat de dépôt contre le témoin, sans préjudice des poursuites contre les médecins et chirurgiens qui auraient fait une fausse déclaration.

La peine sera prononcée par le Juge d'instruction comme dans le cas de l'article 145 sans préjudice des peines plus graves dans les cas prévus par le Code Pénal.

152. — Lorsqu'il s'agira d'entendre comme témoin une personne contre laquelle il aura été décerné un mandat d'amener, de dépôt ou d'arrêt, ou qui aura été condamnée pour crime ou délit, il lui sera accordé, s'il y a lieu, un sauf-conduit par le Juge d'instruction.

S'il s'agit d'un individu résidant à l'étranger, le sauf-conduit sera délivré par le Gouverneur Général, sur la demande de ce magistrat.

Un sauf-conduit sera aussi délivré à l'individu frappé de contrainte par corps, pour le recouvrement de condamnations judiciaires.

Dans tous les cas, le sauf-conduit réglera la durée de son effet, et le témoin qui en sera nanti, ne pourra être arrêté ni pendant le temps fixé pour sa comparution, ni pendant le temps nécessaire pour aller et pour revenir.

153. — Lorsqu'il sera nécessaire d'entendre des témoins habitant hors de la Principauté, le Juge d'instruction ou le Tribunal, adressera une commission rogatoire au Tribunal ou au Juge d'instruction du lieu où les témoins résideront. Cette commission rogatoire sera transmise par le Gouverneur Général.

CHAPITRE VII.

DES MANDATS DE COMPARUTION, D'AMENER, DE DÉPÔT ET D'ARRÊT.

154. — Lorsque l'inculpé sera domicilié, et que le fait sera de nature à ne donner lieu qu'à une peine correctionnelle, le Juge d'instruction pourra ne décerner contre l'inculpé qu'un mandat de comparution sauf, après l'avoir interrogé, à convertir ce mandat en tel autre qu'il appartiendra.

Si l'inculpé fait défaut, le Juge d'instruction décernera contre lui un mandat d'amener. Il pourra, selon les circonstances, décerner contre l'inculpé un mandat d'amener sans l'avoir d'abord appelé par un mandat de comparution.

155. — Le mandat d'amener sera décerné contre toute personne inculpée d'un crime emportant peine afflictive ou infamante, et contre les étrangers, les vagabonds, les maraudeurs, les mendiants, les repris de justice.

156. — Le Juge d'instruction pourra aussi décerner des mandats d'amener contre les témoins qui refuseront de comparaître sur la citation à eux donnée, conformément à l'article 145, sans préjudice de l'amende portée en cet article.

157. — Dans le cas de mandat de comparution, il interrogera de suite ; dans le cas de mandat d'amener, dans les vingt-quatre heures au plus tard.

158. Après l'interrogatoire, le Juge d'instruction pourra décerner un mandat de dépôt, lorsque le fait emportera la peine d'emprisonnement, et un mandat d'arrêt lorsque le fait sera passible d'une peine afflictive ou infamante.

159. — L'interrogatoire sera réitéré toutes les fois qu'il paraîtra utile au Juge d'instruction ou à l'Avocat Général, ou sur la demande de l'inculpé.

Il sera signé à chaque page par le Juge, le Greffier et l'inculpé après lecture faite et que l'inculpé aura déclaré persister dans ses réponses.

Si l'inculpé ne peut ou ne veut signer, il en sera fait mention.

160. — Les mandats de comparution, d'amener, de dépôt et d'arrêt seront signés par celui qui les décernera, et munis de son sceau; l'inculpé y sera nommé ou désigné le plus clairement possible.

Le mandat d'arrêt contiendra de plus l'énonciation du fait pour lequel il sera décerné, et la citation de la loi qui qualifie le fait de crime ou de délit.

161. — Les mandats de comparution, d'amener, de dépôt et d'arrêt seront notifiés à la requête de l'Avocat Général par un huissier, ou par un agent de la force publique, lequel en fera l'exhibition à l'inculpé, et lui en délivrera copie, lors même qu'il serait déjà détenu.

162. — Si l'inculpé contre lequel a été décerné un mandat de comparution, d'amener ou d'arrêt, ne peut être trouvé, le mandat sera notifié à son domicile; ou, à défaut, en sa demeure, à ses parents ou domestiques, et, à défaut ou au refus de ces derniers, copie du mandat et de l'exploit de notification sera affichée à la porte du domicile ou de la demeure; si le domicile et la demeure ne sont pas connus dans la Principauté, la notification sera affichée à la porte du Tribunal Supérieur.

Dans l'un et l'autre cas, l'original sera visé par le Maire; l'huissier fera mention du tout, tant sur l'original que sur la copie.

163. — Pour l'exécution d'un mandat d'arrêt, des recherches seront faites dans tous les lieux où

l'on présumera que l'inculpé peut se trouver; il sera
dressé procès-verbal de la perquisition.

164. — Après l'accomplissement de ces formalités, si l'inculpé demeure hors de la Principauté et
que le fait incriminé soit un crime ou un délit com-
mun, copie du mandat sera transmise aux autorités
judiciaires à l'étranger par le Gouverneur Général et
par la voie diplomatique.

165. — L'inculpé qui refusera d'obéir au mandat
d'amener, ou qui, après avoir déclaré qu'il est prêt à
obéir, tentera de s'évader, devra être contraint.

166. — L'officier chargé de l'exécution d'un
mandat d'amener, de dépôt ou d'arrêt se fera accompagner, s'il y a lieu, d'une force suffisante pour que
l'inculpé ne puisse se soustraire à la loi. Cette force
sera tenue de marcher sur la réquisition directement
faite au Commandant. L'exécuteur du mandat pourra
au besoin requérir toute personne de lui prêter main-
forte pour l'exécution du mandat.

167. — Sur l'exhibition du mandat de dépôt ou
d'arrêt, l'inculpé sera reçu et gardé dans la maison
d'arrêt et le gardien remettra à l'huissier ou à
l'agent de la force publique chargé de l'exécution du
mandat, une reconnaissance de la remise de l'inculpé;
cette reconnaissance et les pièces relatives à l'exécution du mandat seront ensuite remises au Greffe du
Tribunal Supérieur.

168. — Si l'inculpé contre lequel il a été décerné
un mandat d'amener, de dépôt ou d'arrêt est malade,
le Juge d'instruction se trasportera auprès de lui

avec l'assistance d'un médecin, pour reconnaître si l'état de l'inculpé permet sa translation dans la maison d'arrêt; il sera dressé procès-verbal de cette visite.

169. — Lorsque l'inculpé sera interrogé, le Juge d'instruction lui demandera d'abord ses nom, prénoms, son âge, le lieu de sa naissance et celui de son domicile et de sa demeure, son état, sa profession, le lieu où se trouve sa famille, ceux où il a lui-même habité depuis qu'il a quitté ses parents ; et s'il n'a pas déjà subi des condamnations ; il l'interrogera ensuite sur les faits dont il est inculpé.

170. — Les objets saisis comme pièces de conviction seront représentés à l'inculpé pour qu'il ait à les reconnaître et à donner des explications sur chacun d'eux, comme il est dit aux articles 81 et 118, dans les cas de transport et de perquisition.

171. — Lorsqu'il y aura plusieurs inculpés, ils seront interrogés chacun séparément, et confrontés entre eux, s'il y a lieu.

172. — Ni l'Avocat Général, ni la partie civile n'assisteront aux interrogatoires.

173. — Si un inculpé ne parle ni la langue française, ni la langue italienne, ni l'idiome du pays, ou s'il est sourd-muet, le Juge d'instruction appellera un interprète auquel il fera prêter serment de traduire fidèlement les demandes adressées à l'inculpé et ses réponses, et d'en garder le secret.

Si l'inculpé sourd-muet sait écrire le français, les questions et les réponses seront écrites, sans le ministère d'un interprète, comme il est prescrit pour les témoins.

174. — Le procès-verbal de l'interrogatoire sera signé à chaque page, par le Juge, le Greffier et l'inculpé après qu'il en aura été donné lecture et que l'inculpé aura déclaré y persister.

Si l'inculpé ne veut ou ne peut signer, il en sera fait mention.

175. — Si l'inculpé refuse de répondre, s'il donne des signes de folie simulée, ou feint d'être sourd-muet, il sera passé outre à l'instruction.

CHAPITRE VIII.

DE LA LIBERTÉ PROVISOIRE ET DU CAUTIONNEMENT.

176. — La liberté provisoire ne pourra jamais être accordée à l'inculpé lorsque le titre de l'inculpation emportera une peine afflictive ou infamante.

177. — Si le fait n'emporte qu'une peine correctionnelle, la Chambre du Conseil pourra, selon les circonstances, sur la demande de l'inculpé et les conclusions de l'Avocat Général, accorder la liberté provisoire sous caution, à la charge par l'inculpé, de se représenter à tous les actes de la procédure et au jugement, lorsqu'il en sera requis, et d'obéir au jugement lorsqu'il sera devenu définitif.

La mise en liberté provisoire sous caution pourra être demandée en tout état de cause.

178. — Les vagabonds et les repris de justice ne pourront, en aucun cas, être mis en liberté provisoire.

179. — S'il y a partie civile, la demande en liberté provisoire lui sera notifiée, à son domicile ou à celui qu'elle aura élu, pour qu'elle ait à déposer, au Greffe, ses observations à cet égard dans le délai de trois jours.

180. — Après ce délai, l'Avocat Général donnera ses conclusions par écrit, le Juge d'instruction fera un rapport verbal en la Chambre du Conseil qui statuera sur la demande de l'inculpé, sur les observations de la partie civile, sur les conclusions du Ministère Public, sur la quotité du cautionnement, qui ne pourra être au-dessous de trois cents francs. La demande de mise en liberté provisoire pourra être rejetée.

181. — La solvabilité de la caution offerte devra être justifiée par des immeubles situés dans la Principauté, libres pour le montant du cautionnement et une moitié en sus, si mieux n'aime la caution déposer au Trésor le montant du cautionnement en espèces ; la caution sera discutée par l'Avocat Général et par la partie civile dûment appelée.

182. — L'inculpé sera admis à être sa propre caution, soit en déposant le montant du cautionnement, soit en justifiant d'immeubles libres pour le montant du cautionnement et une moitié en sus, et en faisant, dans l'un et l'autre cas, la soumission dont il sera parlé ci-après.

183. — La caution admise fera sa soumission au Greffe du Tribunal Supérieur, de payer le montant du cautionnement, en cas que l'inculpé soit constitué en défaut de se représenter. Cette soumission entraînera la contrainte par corps contre la caution. Il en sera délivré expédition en forme exécutoire à la partie civile à ses frais, si elle le désire, avant que l'inculpé ne soit mis en liberté provisoire.

184. — Les citations et notifications à l'inculpé seront également faites pour toutes fins légales, à la caution, au domicile par elle élu en faisant sa soumission.

185. — Le cautionnement sera affecté par privilège :

1° Aux frais faits par la partie publique ;

2° Aux amendes ;

3° Au paiement des réparations civiles et aux frais de poursuite avancés par la partie civile.

Le Ministère Public et la partie civile pourront prendre inscription hypothécaire aux frais de la caution.

186. — La liberté provisoire ne sera accordée par la Chambre du Conseil qu'après les soumissions de la caution et après que l'inculpé aura fait une élection de domicile dans la Principauté, par acte reçu au Greffe du Tribunal Supérieur.

187. — L'inculpé qui, sans excuse reconnue légitime, ne se sera pas représenté à un acte de la procédure, sera arrêté ; il ne pourra plus, dans la suite de la même procédure, obtenir une seconde fois la liberté provisoire.

La non comparution et l'arrestation de l'inculpé seront notifiées à la caution, et le cautionnement sera définitivement affecté en entier aux frais, à l'amende, aux réparations civiles ; le surplus, s'il y en a, sera acquis au trésor, quelle que soit la décision judiciaire.

188. — L'inculpé qui aura laissé contraindre sa caution au paiement faute de se présenter et d'exécuter le jugement, ne sera plus, à l'avenir, recevable en aucun cas à demander la liberté provisoire moyennant caution.

189. — Si l'inculpé s'est présenté exactement à toutes les réquisitions de la justice, la caution sera déchargée.

190. — Dans le cas d'acquittement, si l'inculpé ne s'est pas présenté à toutes les réquisitions de la justice, le cautionnement sera appliqué jusqu'à concurrence des condamnations civiles.

191. — Si la somme portée au cautionnement est insuffisante pour les frais, les condamnations à l'amende et les réparations civiles, elle sera appliquée par privilége, aux frais et à l'amende, sans préjudice du droit de toutes les parties de contraindre l'inculpé, par toutes les voies légales, au paiement des sommes dont il resterait débiteur, soit envers l'État, soit envers la partie civile.

192. — Le Président du Tribunal rendra, le cas échéant, sur les conclusions de l'Avocat Général ou sur la demande de la partie civile, une ordonnance exécutoire pour le paiement de la somme cautionnée.

Ce paiement sera poursuivi à la requête de l'Avocat

Général, à la diligence du Receveur des domaines, pour le recouvrement des frais de poursuite et de l'amende, et à la requête de la partie civile, pour le paiement des restitutions et réparations civiles.

193. — Le Président du Tribunal délivrera, dans la même forme et sur les mêmes réquisitions, une ordonnance de contrainte contre la caution ou les cautions d'un inculpé qui, depuis sa mise en liberté provisoire, dans l'intervalle déterminé par l'acte de cautionnement, aurait été condamné pour crime ou pour délit, par un arrêt ou un jugement devenus exécutoires.

CHAPITRE IX.

DES ORDONNANCES DU JUGE D'INSTRUCTION ET DE LA CHAMBRE DU CONSEIL.

194. — Aussitôt que la procédure sera terminée, le Juge d'instruction la communiquera à l'Avocat Général, qui devra lui adresser ses réquisitions dans les trois jours au plus tard.

195. — Lorsque l'Avocat Général aura fait ses réquisitions et que le fait incriminé ne constituera qu'un délit ou une contravention, le Juge d'instruction statuera, par une seule ordonnance à l'égard de chacun des inculpés, sur les faits incriminés connexes, sur tous les délits ou contraventions résultant de la procédure, et sur tous les chefs des conclusions du Ministère Public.

196. — Les faits sont connexes, soit lorsqu'ils ont été commis en même temps par plusieurs personnes réunies, soit lorsqu'ils ont été commis par plusieurs personnes, même en différents temps et en divers lieux, mais par suite d'un concert formé à l'avance entre elles ; soit lorsque les inculpés ont commis les actes incriminés, les uns pour se procurer les moyens de consommer le crime ou le délit, les autres pour en faciliter l'exécution, ou pour en assurer l'impunité.

197. — Si le Juge d'instruction est d'avis que le fait ne présente ni crime, ni délit, ni contravention, ou qu'il n'existe aucune charge contre l'inculpé, il déclarera par une ordonnance, qu'il n'y a pas lieu à suivre, et, sur les conclusions conformes de l'Avocat Général, si l'inculpé est en état d'arrestation, il sera mis en liberté, s'il n'est retenu pour autre cause.

198. — Dans tous les cas de dissentiment entre le Juge d'instruction et le Ministère Public, il en sera référé à la Chambre du Conseil dans les quarante-huit heures.

199. — Si l'information n'a pas produit des charges de culpabilité suffisantes, quoique l'inculpé ne se soit pas justifié, le Juge d'instruction rendra une ordonnance de non lieu *en l'état*; dans ce cas, l'inculpé sera mis en liberté, s'il est détenu, sauf à reprendre les poursuites contre lui, si de nouvelles charges sont produites, avant l'extinction de l'action publique par la prescription.

200. — Sont considérées comme charges nouvelles,

les déclarations des témoins, les pièces et procès-verbaux qui n'avaient pu être soumis à l'examen du magistrat instructeur, ou de la Chambre du Conseil, et qui sont de nature, soit à fortifier les preuves qui paraissaient auparavant insuffisantes, soit à apporter des développements ou renseignements propres à manifester la vérité.

201. — Il sera procédé à un supplément d'information sur les nouvelles charges, en la forme ordinaire, et à un nouveau rapport en la Chambre du Conseil par le Président ou par le Juge qu'il aura délégué.

202. — Si le fait n'est qu'une contravention, le Juge d'instruction renverra l'inculpé devant le Tribunal de police, et ordonnera sa mise en liberté, s'il est arrêté.

203. — Si le fait est de nature à entraîner des peines correctionnelles, le Juge d'instruction renverra l'inculpé au Tribunal de police correctionnelle.

Si le délit est passible de l'emprisonnement, l'inculpé demeurera en état d'arrestation, lorsqu'il sera déjà détenu.

204. — Si le délit n'entraîne pas la peine d'emprisonnement et que l'inculpé ait été arrêté, il sera mis en liberté, à la charge de se représenter devant le Tribunal correctionnel.

205. — Dans le cas de renvoi en Police correctionnelle, l'Avocat Général fait assigner le prévenu ou les prévenus, à l'une des plus prochaines au-

4

diences, en observant les délais de trois jours francs prescrits par l'art. 355 du présent Code.

206. — Si le fait est qualifié crime par la loi, et s'il y a des charges suffisantes, le Juge d'instruction fait son rapport en la Chambre du Conseil convoquée par le Président et composée de trois juges au moins, y compris le magistrat instructeur.

Si la Chambre du Conseil, après avoir ouï le rapport du Juge d'instruction, avoir pris connaissance de l'information et du réquisitoire du Ministère Public, estime qu'il existe contre l'inculpé des preuves ou des indices d'un fait qualifié crime par la loi et que ces preuves ou indices sont assez graves pour que la mise en accusation soit prononcée, elle ordonne le renvoi de l'inculpé devant le Tribunal criminel.

207. — La Chambre du Conseil statue par une seule ordonnance sur les délits connexes comme il est dit aux articles 195 et 196, à l'égard de chacun des inculpés, sur tous les chefs des crimes, des délits et des contraventions résultant de la procédure et des conclusions du Ministère Public.

Elle peut, tant qu'elle n'a pas décidé s'il y a lieu de prononcer la mise en accusation, ordonner des informations nouvelles. Dans ce cas, le Président ou le Juge par lui délégué, remplit les fonctions de Juge d'instruction.

Les informations nouvelles sont communiquées à l'Avocat Général et soumises ensuite à la Chambre du Conseil.

208. — Lorsque la Chambre du Conseil prononcera une mise en accusation, elle décernera contre l'accusé une ordonnance de prise de corps.

Cette ordonnance contiendra les nom, prénoms, âge, lieu de naissance, domicile, profession de l'accusé, et en outre, l'exposé sommaire et la qualification légale du fait objet de l'accusation.

209. — L'ordonnance de prise de corps sera insérée dans l'ordonnance de mise en accusation, qui contiendra l'ordre de conduire l'accusé dans la prison, s'il n'y est déjà, et de l'y maintenir s'il est détenu.

210. — Si la Chambre du Conseil estime que le fait incriminé n'est qu'un délit ou une contravention, elle renvoie l'inculpé au Tribunal de police correctionnelle ou à celui de simple police.

Dans le cas de renvoi au Tribunal de simple police, l'inculpé est mis en liberté.

Dans le cas de renvoi en Police correctionnelle, si l'inculpé est arrêté, et si le délit peut entraîner la peine d'emprisonnement, il garde prison jusqu'au jugement.

211. — Les ordonnances de la Chambre du Conseil seront signées par chacun des juges qui les auront rendues ; il y sera fait mention, tant des réquisitions du Ministère Public, que du nom de chacun des juges.

212. — Les ordonnances de non-lieu et de mise en liberté de l'inculpé ne peuvent préjudicier aux droits des parties civiles qui demeurent toujours distincts de l'action publique, sur lesquels il est statué même dans le cas d'acquittement d'un accusé ou d'un prévenu, et qui peuvent toujours être exercés par action civile.

213. — L'Avocat Général pourra, dans tous les cas, former opposition aux ordonnances du Juge d'instruction.

214. — L'inculpé ne pourra former opposition aux ordonnances du Juge d'instruction que sur sa mise en liberté provisoire ou sur une exception d'incompétence.

La déclaration de son opposition sera reçue par le Juge d'instruction dans la forme des actes d'instruction.

215. — La partie civile pourra former opposition aux ordonnances rendues sur la mise en liberté provisoire sous caution de l'inculpé, sur la déclaration qu'il n'y a lieu à suivre, sur la mise en liberté de l'inculpé si elle préjudicie à ses intérêts civils, et à celles faisant grief à ses intérêts civils.

216. — L'opposition aux ordonnances du Juge d'instruction devra être formée dans un délai de vingt quatre heures, qui courra : contre l'Avocat Général, à compter de la communication de l'ordonnance ; contre la partie civile et contre l'inculpé non détenu, à compter de la signification qui leur est faite de l'ordonnance au domicile par eux élu ; contre l'inculpé détenu, à compter de la communication qui lui est donnée de l'ordonnance par le Greffier.

217. — Les significations et communications prescrites par l'article précédent seront faites dans les vingt-quatre heures de la date de l'ordonnance.

218. — L'opposition sera portée devant la Chambre du Conseil du Tribunal Supérieur qui statuera en dernier ressort.

L'inculpé détenu gardera prison jusqu'à ce qu'il ait été statué sur l'opposition, et, dans tous les cas, jusqu'à l'expiration du délai d'opposition.

219. — La partie civile qui succombera dans son opposition sera condamnée aux dommages-intérêts envers l'inculpé.

220. — L'ordonnance de renvoi au Tribunal compétent sera notifiée à l'inculpé et à la partie civile, à la requête de l'Avocat Général.

221. — Les décisions rendues sur l'opposition ne seront pas susceptibles de recours en révision, si ce n'est pour cause d'incompétence.

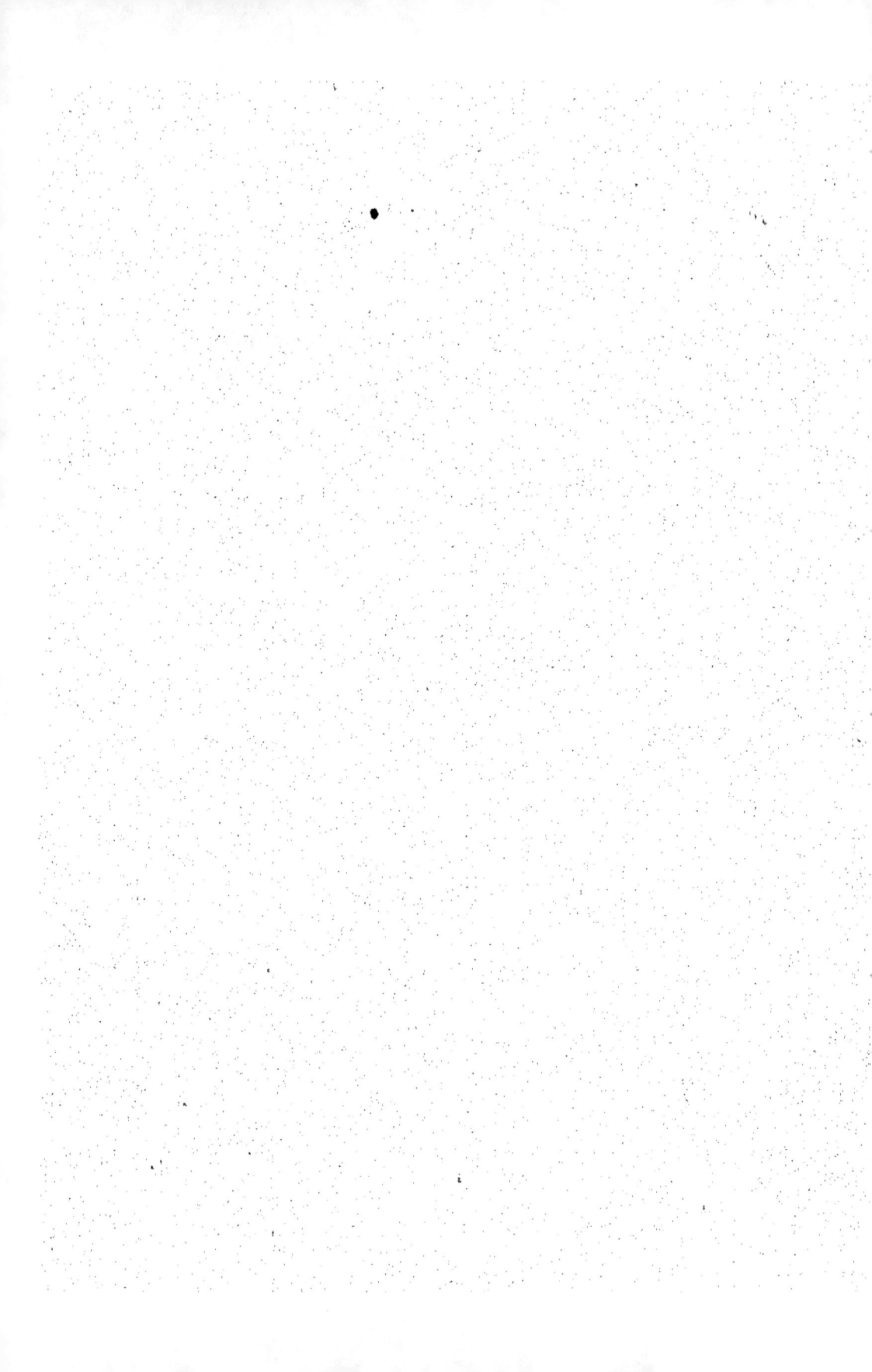

LIVRE SECOND,

DE LA JUSTICE.

TITRE PREMIER.

DES

TRIBUNAUX CRIMINEL, CORRECTIONNEL ET DE POLICE.

CHAPITRE 1er

DU TRIBUNAL CRIMINEL.

§. 1er

Procédure Criminelle.

222. — Lorsque l'inculpé est renvoyé devant le Tribunal criminel, l'Avocat Général est tenu de rédiger un acte d'accusation dans lequel il expose :

1° La nature du crime qui forme la base de l'accusation ;

2° Le fait et toutes les circonstances qui peuvent aggraver ou diminuer la peine : l'accusé y sera dénommé et clairement désigné.

223. — L'ordonnance de renvoi et l'acte d'accusation seront signifiés à l'accusé et il lui en sera laissé copie.

224. — Si l'accusé n'est pas détenu, s'il ne se présente pas et s'il ne peut être saisi, on procèdera contre lui par contumace, ainsi qu'il est réglé ci-après au Chapitre V du titre IV, articles 535 et suivants.

225. — L'inculpé à l'égard duquel la Chambre du Conseil aura décidé qu'il n'y a pas lieu à renvoi devant le Tribunal criminel, ne pourra plus y être traduit à raison du même fait, à moins qu'il n'ait été renvoyé, en l'état, par insuffisance de charges et qu'il en survienne de nouvelles.

226. — Après la signification de l'ordonnance de renvoi et de l'acte d'accusation, le Président du Tribunal Supérieur, ou le Juge qu'il aura délégué, interrogera l'accusé s'il est détenu, il l'interpellera de déclarer le choix qu'il aura fait d'un conseil pour l'aider dans sa défense ; sinon, il lui en désignera un sur-le-champ.

Si l'accusé choisit un défenseur, la désignation faite par le Président sera comme non avenue.

227. — Le Président avertira l'accusé que dans le cas où il se croirait fondé à former une demande en nullité, il doit faire sa déclaration dans les cinq jours suivants, et qu'après ce délai il n'y sera plus recevable.

228. — L'interrogatoire, l'interpellation, la désignation d'un défenseur, s'il y a lieu, et l'avertissement de la faculté de former une demande en nullité, seront constatés par un procès-verbal signé du Président, du Greffier et de l'accusé.

Si l'accusé ne sait ou ne veut signer, il en sera fait mention.

229. — Le silence de l'accusé ne couvrira pas le défaut de désignation d'un défenseur, si l'accusé n'en choisit pas un lui-même ; mais cette omission sera couverte si l'accusé a été défendu, soit par un conseil de son choix, soit par un défenseur que lui aura désigné le Président, depuis son interrogatoire, même à l'ouverture des débats.

230. — Dans le cas où l'accusé ne parlerait ni la langue française, ni la langue italienne, ni l'idiome du pays, ou s'il était sourd-muet, il serait nommé un interprète qui prêterait serment de traduire et de transmettre fidèlement les demandes du Juge et les réponses de l'accusé ainsi qu'il est prescrit pour la déposition des témoins, article 135 et pour l'interrogatoire par le Juge d'instruction, article 173.

La nomination de l'interprète serait constatée dans le procès-verbal de l'interrogatoire.

231. — Le conseil de l'accusé ne pourra être choisi ou désigné que parmi les défenseurs et avocats exerçant près le Tribunal Supérieur, à moins que l'accusé n'obtienne du Président la permission de prendre pour conseil un avocat étranger, ou un de ses parents ou amis.

232. — Après l'interrogatoire de l'accusé, le Président pourra d'office ou sur la demande des parties, procéder ou faire procéder, dans les formes et d'après les règles prescrites par le présent Code, à tous actes nouveaux d'information qu'il jugera utiles pour la manifestation de la vérité. Dans ce cas, l'accusé ne sera interpellé sur le choix d'un défenseur et averti du délai dans lequel il doit former une demande en nullité que lorsqu'il aura été procédé aux nouvelles informations et après son dernier interrogatoire.

233. — L'accusé sera interrogé de nouveau après les dernières informations, avant l'ouverture des débats, conformément aux dispositions de l'article 226.

234. — Les témoins qui n'auront pas comparu sur la citation du Président ou du Juge commis par lui, et qui n'auront pas justifié qu'ils en étaient légitimement empêchés, ou qui refuseront de faire leur déposition ou de prêter serment, pourront y être contraints par le Président ou par le Juge commis, comme ceux cités devant le Juge d'instruction, de la manière édictée par les articles 145, 146, 147, 148, 150, 151, 152.

235. — L'Avocat Général pourra comme l'accusé et dans le même délai de cinq jours à compter du dernier interrogatoire, sous la même peine de déchéance, former une demande en nullité par déclaration au Greffe.

236. — Dans aucun cas, l'instruction ne sera arrêtée ni les inculpés détenus mis en liberté, ni les débats et le jugement suspendus, par les demandes en nullité ou les pourvois en révision si ce n'est pour cause d'incompétence, ou parce que le fait incriminé ne serait pas qualifié crime par la loi.

237. — Après la mise en accusation la demande

en nullité ne peut être formée que contre l'ordonnance de renvoi et dans les quatre cas suivants :

1° Pour cause d'incompétence ;

2° Si le fait incriminé n'est pas qualifié par la loi ;

3° Si le Ministère Public n'a pas donné ses conclusions, ou s'il n'a pas été délibéré sur ses conclusions ;

4° Si l'ordonnance n'a pas été rendue par le
nombre de Juges fixé par la loi.

238. — Après le dernier interrogatoire des accusés, leurs conseils pourront communiquer avec
eux et prendre connaissance, au Greffe du Tribunal,
de toutes les pièces de l'information sans déplacement.

Ils pourront prendre ou faire prendre, à leurs
frais, copie de telles pièces du procès qu'ils jugeront
utiles à leur défense.

Il ne sera délivré gratuitement aux accusés, en
quelque nombre qu'ils soient, qu'une seule copie des
procès-verbaux constatant le crime.

Le Président du Tribunal criminel, l'Avocat Général et le Greffier veilleront à l'exécution du présent
article.

239. — Si après l'interrogatoire par le Président,
le choix d'un défenseur ou sa désignation d'office et
l'avertissement de la faculté de former une demande
en nullité dans le délai de cinq jours, l'accusé use de
cette faculté, la demande en nullité sera reçue par
la déclaration de l'accusé au Président et constatée
par un procès-verbal comme tous les actes d'infor-

mation. Si la demande en nullité est formée par le défenseur de l'accusé, elle sera faite par déclaration au Greffe du Tribunal; dans tous les cas, il pourra être produit un mémoire à l'appui; il sera statué contradictoirement en audience publique en présence de l'accusé sur le rapport du Président ou du Juge commis par le Président.

240. — L'Avocat Général ne pourra porter au Tribunal criminel aucune autre accusation que celle spécifiée par l'ordonnance de renvoi, à peine de nullité de tout ce qui sera relatif à cette accusation.

241. — Le jour de l'ouverture des débats sera fixé par le Président du Tribunal Supérieur après s'être entendu avec l'Avocat Général.

242. — Si l'accusé a des motifs pour demander que l'affaire ne soit pas portée à l'audience fixée, il présentera au Président, trois jours au moins avant l'audience, une requête en prorogation de délai. Le Président décidera si la prorogation doit être accordée ; il pourra même l'ordonner d'office.

243. — Dans le cas de prorogation, une nouvelle notification sera faite à l'accusé, pour lui faire connaître le jour de l'audience qui aura été nouvellement fixé.

244. — Lorsqu'il aura été formé à raison du même crime plusieurs actes d'accusation contre différents accusés, l'Avocat Général pourra en requérir la jonction ; le Président pourra même l'ordonner d'office.

245. — Lorsque l'acte d'accusation contiendra

contre plusieurs accusés, des crimes non connexes, l'Avocat Général pourra requérir, et le Président ordonner d'office, que les accusés ne seront mis en jugement, d'abord que sur l'un ou quelques uns des crimes.

246. — Si les demandes de jonction ou de disjonction sont formées avant le jour de l'ouverture des débats, le Président statuera par une ordonnance comme en matière de référé; si elles se produisent à l'ouverture des débats, le Président prononcera comme sur tous les cas imprévus en vertu de son pouvoir discrétionnaire.

247. — Il y aura un délai de huit jours francs, entre l'assignation à l'accusé et le jour de sa comparution.

248. — L'Avocat Général, l'accusé et la partie civile feront citer les témoins qu'ils voudront faire entendre dans les débats.

249. — Les citations faites à la requête des accusés et de la partie civile seront à leurs frais, ainsi que les indemnités aux témoins ; sauf à l'Avocat Général à faire citer ceux qui lui seraient désignés par l'accusé, s'il jugeait leur déposition utile à la manifestation de la vérité.

250. — La liste des témoins sera notifiée, réciproquement, entre l'Avocat Général, l'accusé et la partie civile, vingt-quatre heures au moins, avant le jour des débats.

§. II.

Des débats.

251. — Au jour fixé pour l'ouverture des débats, le Tribunal criminel ayant pris séance, l'accusé comparaîtra libre, et seulement accompagné de gardes pour l'empêcher de s'évader.

252. — L'audience sera publique à peine de nullité.

253. — Si, d'après la nature du crime, la publicité est dangereuse pour la religion, l'ordre ou les mœurs, le Tribunal, sur la réquisition du Ministère Public ou d'office, déclarera par un arrêt que les débats auront lieu à huis clos ; il déterminera le moment où le huis clos devra commencer, à quelle partie des débats il s'appliquera ou s'il doit avoir lieu pour l'audition d'un ou de plusieurs témoins.

L'arrêt qui ordonnera le huis clos sera prononcé en audience publique.

254. — Les pièces de conviction seront déposées sur le bureau.

La partie civile, le plaignant ou le dénonciateur et les personnes civilement responsables, ainsi que les témoins à charge et à décharge seront introduits.

255. — Si l'accusé quoique détenu, refuse de comparaître, il lui sera fait sommation, au nom de la loi, d'obéir à la justice ; l'huissier commis à cet effet par le Président dressera procès-verbal de la sommation et de la réponse de l'accusé.

256. — Si l'accusé n'obtempère pas à la sommation, le Président pourra ordonner qu'il sera amené
par la force ; selon les circonstances, il pourra également après avoir fait donner lecture à l'audience du
procès-verbal constatant le refus et la résistance de
l'accusé, ordonner que nonobstant l'absence de ce
dernier, il sera passé outre aux débats.

Dans ce dernier cas, le Greffier du Tribunal devra,
après chaque audience, aller dans la maison d'arrêt
donner lecture à l'accusé qui n'aura pas comparu, du
procès-verbal des débats et des arrêts rendus par le
Tribunal, qui seront réputés contradictoires.

Cette formalité sera constatée par procès-verbal.

257. — Le Président pourra faire retirer de l'audience et reconduire en prison tout accusé qui, par
des clameurs ou par tout autre moyen, mettrait obs-
tacle au libre cours de la justice et des débats. Dans
ce cas, il sera procédé aux débats et à l'arrêt comme
il est dit à l'article précédent.

258. — L'accusé pourra même être déclaré, audience tenante, coupable de rébellion, d'outrages ou
de violences envers les magistrats, et condamné aux
peines dont ces délits sont passibles, sans que ces
peines soient confondues avec celles encourues pour
le crime imputé à l'accusé.

259. — Le Président aura la police de l'audience
et dirigera les débats.

Il est investi d'un pouvoir discrétionnaire, en
vertu duquel il peut faire et ordonner tout ce qu'il
croit utile pour découvrir la vérité ; la loi charge

son honneur et sa conscience d'employer tous ses
efforts pour en favoriser la manifestation.

Il peut, dans le cours des débats, appeler, même
par mandat d'amener, et entendre toutes personnes,
ou se faire apporter toutes nouvelles pièces qui lui
paraissent pouvoir répandre un jour utile.

Les témoins, ainsi appelés, ne prêtent point serment,
et leurs déclarations ne sont reçues que comme renseignements.

Le Président doit rejeter tout ce qui tendrait à
prolonger les débats sans utilité.

260. — Il avertira le conseil de l'accusé qu'il ne
peut rien dire contre sa conscience ou contre le respect dû aux lois et au Tribunal, et qu'il doit s'ex-
primer avec décence et modération.

261. — Il demandera à l'accusé son nom, ses
prénoms, son âge, sa profession, le lieu de sa naissance et de sa demeure.

Il l'avertira ensuite d'être attentif à ce qu'il va entendre et ordonnera la lecture par le Greffier de
l'ordonnance de renvoi devant le Tribunal criminel,
de l'acte d'accusation, de la signification et de la notification à l'accusé de la liste des témoins, cités soit à
la requête du Ministère Public, soit à la requête de la
partie civile, et de la liste des témoins cités à la requête de l'accusé.

262. — Après cette lecture, le Président rappel-
lera sommairement à l'accusé le contenu de l'acte
d'accusation, et lui dira: « Voilà de quoi vous êtes

accusé, vous allez entendre les charges qui seront produites contre vous ».

263. — La liste des témoins ne pourra contenir que ceux dont les noms, profession et résidence auront été notifiés, vingt-quatre heures au moins avant les débats, à l'accusé par l'Avocat Général, à l'Avocat Général par l'accusé, à l'accusé et à l'Avocat Général par la partie civile.

L'huissier de service fera l'appel des témoins tant à charge qu'à décharge.

264. — L'accusé et l'Avocat Général pourront s'opposer à l'audition d'un témoin qui n'aurait pas été indiqué ou qui n'aurait pas été clairement désigné dans l'acte de notification.

Le Tribunal statuera de suite sur cette opposition ; sans préjudice de la faculté accordée au Président, d'entendre ce témoin à titre de renseignement, en vertu de son pouvoir discrétionnaire.

265. — Les témoins seront conduits dans la chambre qui leur sera destinée ; ils n'en sortiront que pour déposer.

Le Président prendra des précautions, s'il en est besoin, pour empêcher les témoins de conférer entre eux du crime et de l'accusé avant leur déposition.

266. — L'Avocat Général exposera le sujet de l'accusation ; il assistera aux débats et au prononcé de l'arrêt.

A l'ouverture et dans le cours des débats il fera

5

toutes les réquisitions qu'il jugera utiles, le Tribunal sera tenu de lui en donner acte et d'en délibérer.

Il requerra l'application de la peine.

267. — L'accusé pourra de son côté, par lui-même ou par son défenseur, faire toutes les réclamations et demandes qu'il croira utiles à sa défense, et le Tribunal statuera.

268. — La partie civile pourra faire aussi toutes réclamations dans son intérêt.

269. — Les réquisitions de l'Avocat Général seront signées de lui ; celles faites dans le cours des débats, les demandes de l'accusé ou de la partie civile faites en exécution des articles précédents, seront retenues par le Greffier sur son procès-verbal.

Les réquisitions de l'Avocat Général seront signées par lui et toutes les décisions, auxquelles auront donné lieu ces réquisitions et demandes, seront signées par le Président et par le Greffier, sur ledit procès-verbal.

270. — Lorsque le Tribunal ne déférera pas aux réquisitions de l'Avocat Général ou aux demandes de l'accusé, l'instruction ni l'arrêt ne seront arrêtés ni suspendus, sauf après l'arrêt, le pourvoi en révision, s'il y a lieu.

271. — Les pourvois contre les arrêts qui auront statué sur des incidents ne devront être formés qu'après l'arrêt définitif et en même temps que le pourvoi contre cet arrêt.

Aucun pourvoi formé pendant l'instruction et les débats ne pourra dispenser le Tribunal de statuer sur le fond.

272. — Les témoins déposeront séparément l'un de l'autre, dans l'ordre prescrit par le Président, en commençant par ceux cités à la requête du Ministère Public ; puis ceux appelés par la partie civile et par l'accusé.

273. — Avant de recevoir le serment des témoins, le Président leur demandera leurs noms, prénoms, âge, profession, lieu de naissance, patrie, leur domicile ou résidence ; s'ils sont parents ou alliés, soit de l'accusé, soit de la partie civile, et à quel degré ; s'ils ne sont pas attachés au service de l'un ou de l'autre ; s'ils connaissaient l'accusé avant le fait mentionné dans l'acte d'accusation ; ils prêteront ensuite le serment de dire toute la vérité, rien que la vérité. Cela fait, les témoins déposeront oralement.

274. — Après chaque déposition, le Président demandera au témoin si c'est bien de l'accusé présent qu'il a entendu parler.

Il demandera ensuite à l'accusé s'il a quelque chose à répondre à ce qui vient d'être dit.

275. — Le Président fera tenir note, par le Greffier, des additions, changements ou variations qui pourraient exister entre la déposition d'un témoin et ses précédentes déclarations.

L'Avocat Général et l'accusé pourront requérir le Président de faire tenir les notes de ces changements, additions et variations.

276. — Le témoin ne pourra être interrompu pendant sa déposition, ni interpellé ; l'accusé ou son défenseur et la partie civile ne pourront l'interroger que par l'organe du Président, après sa déposition.

277. — Les Juges et l'Avocat Général auront la faculté de demander au témoin et à l'accusé tous les éclaircissements qu'ils croiront nécessaires à la manifestation de la vérité, en demandant la parole au Président.

278. — Le Président arrêtera le témoin qui s'écartera de l'objet de la citation ; il appellera son attention sur les faits qui peuvent amener la manifestation de la vérité.

279. — Chaque témoin, après sa déposition, restera dans la salle d'audience jusqu'à la clôture des débats ; il pourra être appelé par le Président pour compléter sa déposition, ou pour donner des éclaircissements sans avoir à prêter un nouveau serment.

Il pourra, sur sa demande, obtenir du Président l'autorisation de se retirer si sa présence ne paraît pas utile.

280. — Le Président pourra, avant ou pendant la déposition d'un témoin, faire retirer un ou plusieurs accusés, un ou plusieurs témoins déjà entendus. Il fera ensuite connaître à l'accusé ce qui aura été dit en son absence.

281. — L'Avocat Général et l'accusé pourront demander que les témoins qu'ils désigneront se retirent de l'auditoire ou soient rappelés.

282. — Les pièces de conviction seront présentées à l'accusé, et aux témoins s'il y a lieu ; l'accusé sera interpellé de répondre s'il les reconnaît.

283. — Le Président pourra faire donner lecture à l'audience des dépositions des témoins décédés, absents ou malades.

284. — Sont applicables aux personnes citées devant le Tribunal criminel les dispositions des articles 143, 145, 146, 147, 148, 151, 152, relatives aux témoins qui ne satisferont pas à la citation, ou qui refuseront de prêter serment ou de déposer ainsi qu'aux personnes qui, par leur état ou profession, ne peuvent être obligées de déposer sur les faits qui leur ont été confiés dans l'exercice de leur ministère ; à ceux qui se trouvent dans l'impossibilité de comparaître sur la citation ; aux individus contre lesquels il existe des mandats, ou qui sont frappés de contrainte par corps ; à ceux qui habitent hors de la Principauté ; aux personnes qui ne peuvent être entendues en témoignage qu'à titre de renseignements.

285. — Si, à raison de la non-comparution d'un témoin, l'affaire est renvoyée, tous les frais des citations, actes, voyage de témoins et autres, seront à la charge du témoin non comparant.

Le jugement de renvoi ordonnera en outre que ce témoin sera amené par la force publique, s'il est nécessaire.

286. — Dans tous les cas, le témoin qui ne comparaîtra pas, ou qui refusera de prêter serment ou de déposer, sera condamné à une amende qui n'excèdera pas cinquante francs.

287. — La voie de l'opposition sera ouverte

contre ces condamnations, dans les dix jours de la signification.

288. — L'opposition sera formée par déclaration signée au bas de l'original de l'exploit de signification, ou par requête au Tribunal. Elle sera jugée contradictoirement en la Chambre du Conseil ; elle sera reçue s'il est produit des excuses légitimes ou si l'amende paraît devoir être modérée.

289. — Dans le cas de maladie d'un témoin essentiel qui se trouve dans l'impossibilité de comparaître, le Président déléguera un Juge assisté du Greffier pour recevoir sa déposition.

L'avocat de l'accusé pourra assister à la déposition.

290. — Dans le cas de l'article 152, le sauf-conduit sera délivré par le Président et approuvé par le Gouverneur Général.

291. — Les témoins produits par l'Avocat Général ou par l'accusé, seront entendus dans les débats, même lorsqu'ils n'auraient pas déposé dans l'information ou qu'ils n'auraient reçu aucune assignation, pourvu, dans tous les cas, que ces témoins soient portés sur la liste notifiée vingt-quatre heures, au moins avant les débats aux termes de l'article 250.

292. — Si d'après les débats, la déposition d'un témoin paraît fausse, le Président pourra sur la réquisition du Ministère Public, de la partie civile, de l'accusé et même d'office, faire sur le champ mettre le témoin en état d'arrestation, pour être procédé contre lui conformément à la loi.

293. — Dans le cas de l'article précédent, l'Avocat Général, la partie civile ou l'accusé, pourront immédiatement requérir, et le Tribunal ordonner, même d'office, le renvoi de l'affaire après le jugement sur le faux témoignage.

204. — Si l'accusé, les témoins ou l'un d'eux ne parlent pas la même langue ou le même idiome et ne peuvent se comprendre, le Président nommera d'office un interprète âgé de vingt-un ans, au moins, lui fera prêter serment de traduire fidèlement les discours à transmettre entre ceux qui parlent des langues différentes.

205. — L'Avocat Général et l'accusé pourront récuser l'interprète nommé, en déduisant les motifs de leur récusation et le Tribunal statuera.

206. — L'interprète ne pourra être pris parmi les Juges ni parmi les témoins.

207. — Si l'accusé est sourd-muet et ne sait pas écrire, le Président nommera d'office pour interprète, la personne qui aura le plus l'habitude de converser avec le sourd-muet.

Il en sera de même à l'égard du témoin sourd-muet.

Si le sourd-muet sait écrire, le Greffier écrira les questions et observations, elles seront remises à l'accusé ou au témoin qui donneront par écrit, leurs réponses ou déclarations; il en sera donné lecture par le Greffier.

208. — Le Président déterminera celui des accusés qui devra être soumis le premier aux débats, en commençant par le principal accusé, s'il y en a un.

Il se fera un débat particulier sur chacun des autres accusés.

299. — A la suite des dépositions des témoins à charge et à décharge, et des dires respectifs auxquels elles auront donné lieu, la partie civile ou son conseil et l'Avocat Général seront entendus, et développeront les moyens qui appuient l'accusation.

L'accusé et son conseil pourront leur répondre. La réplique sera permise à la partie civile et à l'Avocat Général ; mais l'accusé ou son conseil auront toujours la parole les derniers.

300. — Le Président après avoir demandé à l'accusé s'il n'a rien à ajouter pour sa défense, déclarera que les débats sont clos.

301. — Les débats et l'examen, une fois commencés, devront être continués et terminés sans interruption. Le Président ne pourra les suspendre que pendant les intervalles nécessaires pour le repos des Juges, des témoins, des défenseurs et des accusés.

Toutefois la continuation des débats pourra être interrompue dans le cas où l'audition d'un témoin n'ayant pas comparu serait nécessaire à la manifestation de la vérité, ou lorsque les débats ne peuvent être terminés à la même audience.

302. — Si le Tribunal, dans le cours, ou à la fin des débats, s'aperçoit qu'il a été omis quelque formalité substantielle ou commis quelque irrégularité, il peut, sur les conclusions du Ministère Public ou d'office, remplir la formalité omise ou régulariser l'acte vicieux, et même, s'il y a lieu, annuler les débats, recommencer l'affaire et la remettre à une autre audience. Dans ce dernier cas, le Président rapportera préalablement l'ordonnance de clôture des débats, si elle a déjà été rendue.

§ III.

De l'arrêt.

303. — Dès que la clôture des débats aura été prononcée, les Juges se retireront en la Chambre du Conseil pour délibérer.

La délibération commencée ne pourra être interrompue ; si elle n'est pas commencée, elle pourra être remise à une autre heure du même jour ou au lendemain au plus tard.

304. — Le Président soumettra à la délibération les questions résultant de l'acte d'accusation et des débats, sur le fait, sur sa criminalité et sur les circonstances atténuantes ou aggravantes. La délibération portera ensuite, s'il y a lieu, sur les excuses proposées ; et, si l'accusé a moins de seize ans, sur la question de discernement ; enfin, sur l'application de la peine.

305. — Lorsque la discussion sera terminée, le Président recueillera les voix ; les Juges opineront chacun à leur tour, en commençant par les derniers nommés ; le Président opinera le dernier.

Tous les Juges devront opiner sur l'application de la peine, quel qu'ait été leur avis sur les autres questions.

306. — L'arrêt sera rendu à la majorité des voix.

En cas de partage, l'avis favorable à l'accusé prévaudra.

307. — S'il se forme plus de deux opinions sans qu'aucune réunisse la moitié plus une des voix, les opinions seront recueillies de nouveau, et si aucune n'obtient la majorité, les membres du Tribunal criminel qui auront opiné pour la peine la plus forte seront tenus d'adopter l'opinion entraînant la peine la plus forte après celle pour laquelle ils ont voté, jusqu'à ce qu'il en résulte la majorité.

308. — Dans le cas d'absolution comme dans celui d'acquittement ou de condamnation, le Tribunal statuera, s'il y a lieu, sur la restitution des objets saisis, et sur les demandes en dommages-intérêts formées, soit par la partie civile contre l'accusé et les personnes civilement responsables, soit par l'accusé contre la partie civile ou contre ses dénonciateurs, sans que néanmoins les membres des autorités constituées, puissent être poursuivis à raison de leurs avis dans la poursuite.

S'il y a condamnation, la restitution des objets saisis ne sera faite au propriétaire qu'après les délais du pourvoi en révision, ou s'il y a pourvoi que lorsque l'affaire sera définitivement terminée.

309. — L'Avocat Général sera tenu, sur la réquisition de l'accusé, de lui faire connaître ses dénonciateurs.

310. — Les demandes en dommages-intérêts,

formées, soit par l'accusé contre ses dénonciateurs ou la partie civile, soit par la partie civile contre l'accusé, devront être portées au Tribunal criminel.

311. — La partie civile est tenue de former sa demande en dommages-intérêts avant l'arrêt ; plus tard, elle sera non recevable.

Il en est de même de l'accusé, s'il a connu son dénonciateur avant l'arrêt.

Dans le cas où l'accusé n'aurait connu son dénonciateur que depuis l'arrêt, il portera sa demande au Tribunal civil.

Les tiers qui ne se seraient pas constitués partie civile dans le procès criminel pourront s'adresser au Tribunal civil.

312. — Dans tous les cas, le Tribunal criminel pourra renvoyer devant le Tribunal civil pour être statué sur les dommages-intérêts ou restitutions s'il juge que, sur ce point, l'affaire n'est pas état.

313. — L'exécution des condamnations aux dommages-intérêts et restitutions prononcées par le Tribunal civil à raison d'un crime, entraînera la contrainte par corps comme si ces condamnations étaient prononcées par le Tribunal criminel.

314. — L'accusé ou la partie civile qui succombera, sera condamné aux frais envers l'État et envers l'autre partie.

315. — Lorsqu'il y aura plusieurs accusés et plusieurs personnes civilement responsables d'un même crime, la condamnation aux frais sera prononcée solidairement contre tous ceux qui succomberont.

316. — Si l'un des accusés est condamné à raison de plusieurs crimes et que ses coaccusés n'aient pris aucune part à l'un de ces crimes, la condamnation aux frais ne sera solidaire qu'à l'égard du crime auquel ils auront tous participé ; l'arrêt distinguera la portion des frais due solidairement et celle qui restera personnelle à l'un des accusés.

317. — L'arrêt fixera la durée de la contrainte par corps pour le recouvrement des condamnations pécuniaires dans les limites d'un an au moins et de cinq ans au plus.

318. — La contrainte par corps ne sera jamais prononcée contre le condamné, au profit :

1° De son mari ou de sa femme ;

2° De ses ascendants, descendants, frères, sœurs ou alliés au même degré ;

3° Contre le mari et la femme simultanément pour la même dette ;

4° Contre les sexagénaires.

319. — Si le condamné a commencé sa soixantième année avant la prononciation de l'arrêt, la durée de l'exercice de la contrainte par corps pourra être réduite à six mois. S'il atteint sa soixantième année pendant la durée de la contrainte par corps, la détention sera réduite, de plein droit, à la moitié du temps fixé par la condamnation.

Les frais d'exécution relatifs à la peine corporelle resteront toujours à la charge de l'État.

320. — Lorsque l'accusé aura été reconnu non

coupable, le Président ordonnera qu'il soit mis en liberté, s'il n'est retenu pour autre cause.

321. — Si l'accusé n'a pas pu être contraint d'assister aux débats, ou si sa conduite aux débats a nécessité de le ramener en prison et de procéder en son absence, l'arrêt fera mention de ces circonstances.

322. — Toute personne acquittée légalement ne pourra plus être reprise ni accusée à raison du même fait.

323. — Lorsque dans le cours des débats, l'accusé aura été inculpé sur un autre fait, soit par les pièces, soit par les dépositions des témoins, le Président, après avoir prononcé qu'il est condamné ou acquitté de l'accusation, ordonnera qu'il soit poursuivi à raison du nouveau fait : en conséquence, il le renverra en état de mandat de comparution ou d'amener suivant les distinctions établies par l'article 154, et même en état de mandat d'arrêt, s'il y échet, devant le Juge d'instruction.

Cette disposition ne sera exécutée que dans le cas où, avant la clôture des débats, le Ministère Public aura fait des réserves à fin de poursuite et si le fait nouveau emporte la peine d'emprisonnement ou une peine plus grave.

324. — Lorsque, pendant les débats qui auront précédé la condamnation, l'accusé aura été inculpé, soit par des pièces, soit par des dépositions des témoins, sur d'autres crimes que ceux dont il était accusé et pour lesquels il a été condamné, si les cri-

mes nouvellement manifestés méritent une peine
plus grave que les premiers, ou si l'accusé a des complices en état d'arrestation, le Tribunal criminel
ordonnera par un arrêt distinct et séparé, sur les
conclusions de l'Avocat Général, qu'il soit poursuivi,
à raison de ces nouveaux faits, suivant les formes
prescrites par le présent Code.

Dans ces deux cas, l'Avocat Général surseoira à
l'exécution de l'arrêt qui aura prononcé la première
condamnation, jusqu'à ce qu'il ait été statué sur le
second procès.

325. — Si l'accusé est convaincu du second
crime, il n'en subira la peine qu'autant qu'elle sera
plus forte que celle prononcée pour le premier crime.

326. — Lorsque le fait pour lequel l'accusé a été
poursuivi et dont il est convaincu, n'est pas défendu
par une loi pénale, le Tribunal prononce l'absolution
de l'accusé ; il en est de même si l'action publique est
prescrite.

327. — Si le fait incriminé est défendu, le Tribunal prononcera la peine établie par la loi, même
dans le cas où, d'après les débats, il ne donnerait
lieu qu'à l'application des peines correctionnelles ou
de simple police.

328. — En cas de conviction de plusieurs crimes
ou délits, la peine la plus forte sera seule prononcée.

329. — Si l'accusé âgé de moins de seize ans
est déclaré avoir agi sans discernement, le Tribunal,
en l'acquittant, ordonnera à son égard les mesures
que le Code pénal laisse à son appréciation.

330. — L'arrêt sera prononcé à haute voix par le Président, en présence du public et de l'accusé. Il contiendra les faits dont l'accusé sera reconnu l'auteur ou le complice, les motifs, la peine et les condamnations civiles, s'il y a lieu, ainsi que le texte de la loi appliquée.

331. — Après avoir prononcé l'arrêt le Président pourra, selon les circonstances, exhorter l'accusé à la fermeté, à la résignation ou à réformer sa conduite.

Il l'avertira que la loi lui accorde, pendant trois jours francs, la faculté de se pourvoir en révision ; et qu'après ce délai il n'y sera plus recevable.

332. — La minute de l'arrêt sera écrite par le Greffier, il y insérera, en toutes lettres, le texte de la loi appliquée ; la minute sera signée dans les vingt-quatre heures de sa prononciation par les Juges qui l'auront rendu et par le Greffier.

333. — Le Greffier qui délivrera une expédition de l'arrêt avant qu'il ait été signé par tous les juges qui l'auront rendu, sera poursuivi comme faussaire.

334. — Le Greffier dressera un procès-verbal de la séance, à l'effet de constater que les formalités prescrites ont été observées.

Il ne sera fait mention au procès-verbal, ni des réponses des accusés, ni du contenu des dépositions ; sans préjudice toutefois des notes relatives aux additions, changements ou variations, entre la déposition orale d'un témoin et ses précédentes déclarations dans l'information.

Le procès-verbal énoncera les noms et prénoms des Juges qui auront rendu l'arrêt et ceux de l'officier du Ministère Public qui aura assisté aux débats ; les noms et prénoms de l'accusé et de la partie civile ; les noms des témoins, des experts, des interprètes, le cas échéant ; les serments prêtés ; les changements, variations et contradictions qui pourraient exister entre les dépositions d'un témoin et ses précédentes déclarations, les principales déclarations des témoins qui n'avaient pas déposé par écrit.

Il contiendra les réquisitions du Ministère Public, les demandes de l'accusé, celles des parties civiles qui peuvent avoir été faites, en conformité des articles 266, 267, 268, 269, ainsi que les ordonnances rendues par le Tribunal ou par le Président sur ces réquisitions et demandes.

Le procès-verbal sera signé par le Président et le Greffier.

335. — Les formalités prescrites par les 3me et 4me alinéa de l'article précédent et par les articles 269, 332 seront remplies à peine de vingt-cinq à cinquante francs d'amende contre le Greffier.

L'amende sera de cent francs en cas de défaut de procès-verbal, ou d'inexécution du dernier paragraphe de l'article qui précède.

336. — Le condamné aura trois jours francs après celui où l'arrêt aura été prononcé, pour déclarer au Greffe qu'il se pourvoit en révision.

L'Avocat Général pourra, dans le même délai, déclarer au Greffe sa demande en révision.

337. — La partie civile aura le même délai ; mais dans aucun cas elle ne pourra poursuivre l'annulation d'une ordonnance de mise hors de cause ou d'un arrêt d'absolution ou d'acquittement, si ce n'est seulement quant aux dispositions relatives à ses intérêts civils, notamment si l'arrêt a prononcé contre elle des condamnations civiles supérieures aux demandes de la partie acquittée ou absoute.

338. — Pendant ces trois jours, et s'il y a recours en révision, jusqu'à la réception de l'ordonnance sur le pourvoi, il sera sursis à l'exécution de l'arrêt.

339. — Dans le cas d'acquittement ou d'absolution de l'accusé, l'annulation de l'arrêt qui l'aura prononcé et de ce qui l'aura précédé ne pourra être poursuivie par le Ministère Public que dans l'intérêt de la loi et sans préjudicier à la partie acquittée.

340. — Lorsque la nullité procédera de ce que l'arrêt aura prononcé une peine autre que celle appliquée par la loi à la nature du crime, l'annulation de l'arrêt pourra être poursuivie tant par le Ministère Public que par la partie condamnée.

La même action appartiendra au Ministère Public contre les arrêts d'absolution prononcés sur le fondement de la non-existence d'une loi qui pourtant aurait existé.

341. — Après l'annulation de l'arrêt qui aura prononcé une peine autre que celle portée par la loi, le Tribunal criminel rendra un nouvel arrêt sans procéder à de nouveaux débats, si ce n'est sur l'application de la peine aux faits constatés par les motifs de l'arrêt annulé. Le nouvel arrêt sera prononcé contradictoirement en audience publique, en présence de l'accusé et de son défenseur.

342. — Lorsque la peine prononcée sera la même que celle portée par la loi qui s'applique au crime, nul ne pourra demander l'annulation de l'arrêt sous le prétexte qu'il y aurait erreur dans la citation du texte de la loi.

343. — Dans les cas prévus par les articles 442 et 443, l'Avocat Général et la partie civile n'auront que vingt-quatre heures pour se pourvoir en révision.

344. — La condamnation sera exécutée dans les vingt-quatre heures qui suivront les délais de trois jours francs après l'arrêt, s'il n'y a point de recours en révision ; et, s'il y a recours, dans les vingt-quatre heures de l'enregistrement au Tribunal Supérieur du rejet du pourvoi.

345. — La condamnation sera exécutée par les ordres de l'Avocat Général.

346. — Si le condamné veut faire une déclaration, elle sera reçue par l'un des Juges commis par le Président, assisté du Greffier ; il en sera dressé procès-verbal.

347. — Le procès-verbal de l'exécution sera dressé par le Greffier et transcrit par lui, dans les vingt-quatre heures, au pied de la minute de l'arrêt.

La transcription sera signée par lui, il fera mention

du tout en marge du procès-verbal et cette mention sera également signée par lui.

La transcription fera preuve comme le procès-verbal même.

348. — Les minutes des arrêts seront réunies séparément et resteront déposées au Greffe du Tribunal Supérieur.

CHAPITRE II.

DES AFFAIRES CORRECTIONNELLES.

349. — Le Tribunal Supérieur, jugeant correctionnellement, connaît des délits de chasse, des contraventions aux Ordonnances par l'introduction clandestine des objets dont l'importation est prohibée, et de toutes les infractions dont la peine excède cinq jours de prison, ou quinze francs d'amende.

350. — Le jour de l'audience à laquelle sera portée chaque affaire correctionnelle sera, comme en matière criminelle, fixé par le Président après s'être entendu avec le Ministère Public.

351. — Le Tribunal Supérieur pourra, en matière correctionnelle, prononcer au nombre de trois juges.

352. — Le Tribunal correctionnel sera saisi de la connaissance des délits et contraventions de sa compétence, soit par l'ordonnance du Juge d'instruction, soit par la citation donnée directement par le Ministère Public aux prévenus, aux personnes civilement responsables, au plaignant ou au dénonciateur et aux témoins, soit par la citation donnée à la requête de la partie lésée.

Dans ce dernier cas, la citation ne pourra être signifiée et ne saisira le Tribunal qu'après avoir été visée par le Ministère Public et par le Juge d'instruction, qui exigeront préalablement le dépôt de la somme présumée nécessaire pour répondre des frais.

En cas de refus de la part de ces magistrats ou de l'un d'eux, la partie lésée pourra présenter requête à la Chambre du Conseil qui, après avoir entendu les motifs du refus, autorisera, s'il y a lieu, la citation.

La partie, qui se croira lésée, aura toujours la faculté de se pourvoir par action civile.

353. — Dans tous les cas, les citations à l'inculpé énonceront les faits qui lui seront imputés et tiendront lieu de plainte.

354. — Dans le cas de citation directe autorisée par l'article 352, la partie lésée, qui aura employé cette voie, sera réputée partie civile, quoique l'exploit d'assignation n'en contienne pas la déclaration expresse ; elle fera, par l'acte de citation, élection de domicile dans la Principauté, si elle n'y demeure pas.

355. — Il y aura un délai de trois jours francs, au moins, entre la citation et le jour de la comparution.

Toutefois, lorsque l'inculpé sera détenu, l'assignation pourra être donnée à bref délai sur sa demande, pour abréger sa détention préventive.

356. — L'assignation sera donnée au prévenu

détenu en la maison d'arrêt, et l'huissier lui en lais-
sera copie.

S'il n'est pas en état d'arrestation, la citation lui
sera notifiée dans la forme prescrite par les articles
161 et 162.

Si le prévenu a été mis en liberté provisoire, la
citation et la notification lui seront faites, ainsi qu'à
la caution, au domicile par eux élu, suivant les dispositions des articles 184 et 186.

357. — Dans tous les autres cas, l'assignation au
prévenu aura lieu de la manière prescrite par les
articles 161 et 162.

358. — Les noms, prénoms, profession et demeure des témoins assignés à la requête du Ministère Public, de la partie civile et du prévenu seront
réciproquement notifiés vingt-quatre heures, au
moins, avant l'ouverture des débats.

359. — Dans les affaires qui n'entraînent pas la
peine d'emprisonnement, le prévenu pourra se faire
représenter par un défenseur ou avocat; toutefois le
Tribunal pourra ordonner sa comparution en personne.

360. — En matière correctionnelle, le Président
du Tribunal, sur la demande du prévenu détenu,
lui désignera un défenseur choisi parmi les avocats
du Tribunal Supérieur; il pourra autoriser le prévenu
à se faire défendre par un avocat étranger ou par un
de ses parents.

361. — Le défenseur du prévenu aura la faculté
de prendre communication, au Greffe, sans déplace-

ment, de l'information s'il en a été fait une et de prendre des copies des pièces, aux frais du prévenu.

362. — Si le prévenu est absent ou dans l'impossibilité de comparaître, le Président pourra, sur sa demande ou sur la demande de ses parents ou amis, accorder une remise après avoir entendu le Ministère Public.

363. — Le prévenu contre lequel il aura été décerné un mandat d'amener et qui, n'ayant pu être arrêté, se présentera dans les délais de la citation, se constituera prisonnier.

364. — Sont applicables aux jugements en matière correctionnelle les dispositions des articles 143, 145, 146, 147, 148, 151, 152 relatives aux citations à témoins dans les informations.

365. — Si le prévenu et les personnes civilement responsables ne comparaissent pas, ils seront jugés par défaut.

366. — La comparution de la partie civilement responsable n'empêchera pas la condamnation du prévenu qui ne se présentera pas quoique régulièrement assigné.

367. — La condamnation par défaut sera comme non avenue si, dans les cinq jours de la signification du jugement, les condamnés forment opposition à son exécution et notifient leur opposition au Ministère Public et à la partie civile.

Néanmoins les frais de l'expédition du jugement par défaut et de l'opposition demeureront à la charge du prévenu, lors même que l'opposition serait admise et le jugement par défaut annulé.

368. — Le condamné, qui voudra former opposition à un jugement par défaut portant condamnation à l'emprisonnement, devra se constituer prisonnier et rembourser au Receveur de l'enregistrement ou à la partie civile, le montant des frais avancés par le jugement par défaut et sa signification, à moins qu'il ne justifie de son indigence ou de l'impossibilité d'avoir pu comparaître.

Les opposants devront justifier de ce remboursement au plus tard à l'audience où l'opposition sera portée et avant la lecture des pièces. A défaut de cette justification, l'opposition sera rejetée.

369. — L'opposition emportera de droit citation à la première audience ; elle sera comme non avenue si l'opposant n'y comparaît, et le jugement rendu sur l'opposition ne pourra être attaqué par la partie qui l'aura formée.

370. — Le condamné, qui voudra former un pourvoi en révision contre un jugement par défaut portant condamnation à l'emprisonnement, devra préalablement se constituer prisonnier.

371. — Si la partie lésée, qui aura fait citer l'inculpé devant le Tribunal correctionnel, ne se présente pas, l'inculpé sera renvoyé de la demande, la partie défaillante condamnée aux dépens et, s'il y a lieu, à des dommages-intérêts envers l'inculpé.

372. — En police correctionnelle, la preuve des délits se fera, soit par procès-verbaux ou rapports,

soit par témoins à défaut de rapports et procès-verbaux, ou à leur appui.

373. — Nul ne sera admis, à peine de nullité, à
faire preuve par témoins outre ou contre le contenu
aux procès-verbaux ou rapports des Officiers de
police qui ont reçu de la loi le pouvoir de constater
les délits ou les contraventions jusqu'à inscription
de faux.

374. — Dans tous les autres cas, les procès-verbaux et rapports faits par des agents, préposés ou
Officiers de police, pourront être débattus par des
preuves contraires, soit écrites, soit testimoniales.

375. — Dans le cas où le prévenu ne sera pas
reconnu coupable, le Tribunal prononcera son acquittement, déchargera les cautions, s'il en a été fourni,
et statuera sur les dommages-intérêts, s'il y a lieu.

Le prévenu acquitté pourra, suivant les circonstances, obtenir des dommages-intérêts contre le
dénonciateur, si la dénonciation est reconnue ca-
lomnieuse.

Le prévenu acquitté ne pourra plus être poursuivi pour le même fait.

376. — Si le fait n'est réputé ni délit, ni contravention, ou s'il est reconnu que l'action pénale est
prescrite, le Tribunal annulera l'instruction, la citation et tout ce qui aura suivi, renverra le prévenu
et statuera sur les dommages-intérêts, s'il y a lieu.

377. — Si le fait incriminé est passible des peines
afflictives ou infamantes, le Tribunal correctionnel
se déclarera incompétent, pour procéder au juge-

ment; il décernera mandat de dépôt ou mandat d'arrêt, et renverra le prévenu devant le Juge d'instruction pour l'accomplissement des formalités de mise en accusation.

378. — Si, d'après les débats, le fait incriminé constitue un délit, ou s'il n'est qu'une contravention de police, le Tribunal prononcera la peine portée par la loi et statuera sur les dommages-intérêts, s'il y a lieu.

379. — Les formalités prescrites par les articles 251 à 346 en matière criminelle pour la direction des débats par le Président, pour la publicité des débats et de l'arrêt, pour l'audition des témoins, la délibération, la rédaction, le prononcé de l'arrêt, les condamnations, l'acquittement ou l'absolution, la conservation des minutes des arrêts seront observées en matière correctionnelle.

CHAPITRE III.

DU TRIBUNAL DE SIMPLE POLICE.

380. — La connaissance des contraventions est attribuée au Juge de simple police.

381. — Les fonctions du Ministère Public, près le Tribunal de police, seront remplies par un Commissaire de police que désignera l'Avocat Général.

382. Les citations aux contrevenants seront faites à la requête du Ministère Public ou de la partie qui réclamera.

Elles seront notifiées par un huissier ; il en sera laissé copie au contrevenant et aux personnes civilement responsables ; elles énonceront les faits sur lesquels ils auront à répondre, le jour et l'heure où ils doivent se présenter.

383. — Les citations d'office pourront être faites par un simple avertissement de l'Officier remplissant les fonctions du Ministère Public, remis par un agent de police.

Il en sera de même des citations aux témoins ; mais elles ne contiendront que l'avis du jour et de l'heure.

384. — Les citations aux contrevenants ne pourront être données à un délai moindre de vingt-quatre heures, à peine de nullité tant de la citation que du jugement, qui serait rendu par défaut. Néanmoins, cette nullité ne pourra être proposée qu'à la première audience, avant toute exception et défense.

385. — Dans les cas urgents, les délais pourront être abrégés et les parties citées à comparaître même dans le jour, et à l'heure indiquée, en vertu d'une cédule délivrée par le Juge de police.

386. — Les parties pourront comparaître sur un simple avertissement du Juge de police ou du Commissaire de police sans citation.

387. — Avant le jour de l'audience, le Juge de police pourra, sur la réquisition du Ministère Public ou de la partie civile, estimer ou faire estimer le dommage, dresser ou faire dresser des procès-verbaux, faire ou ordonner tous actes requérant célérité.

388. — Lorsque les contraventions n'entraîneront pas la peine d'emprisonnement, toute poursuite d'office sera arrêtée si les contrevenants, qui ne sont pas en récidive, acquittent la moitié du maximum de l'amende et les frais déjà faits.

389. L'estimation du dommage, sur la demande du Ministère Public ou de la partie civile, pourra être faite par le Juge de police ou par expert qu'il nommera.

390. — Si les personnes citées ne comparaissent pas au jour et à l'heure fixés par la citation ou l'avertissement, elles seront jugées par défaut.

391. La partie civile qui, ayant fait citer directement l'inculpé, ne comparaîtra pas, sera condamnée aux frais et, s'il y a lieu, à des dommages-intérêts.

392. — Les jugements par défaut seront exécutoires cinq jours après la signification qui en sera faite par un agent de police à la personne ou au domicile des intéressés.

393. — L'opposition aux jugements par défaut pourra être faite par déclaration au bas de l'acte de signification ou par acte notifié dans les cinq jours de cette signification.

Après ce temps, l'opposition ne sera plus reçue.

394. — L'opposition emportera de droit citation à la première audience, et sera réputée non-avenue si l'opposant ne comparaît pas, ni un fondé de pouvoir pour lui.

395. — L'opposition sera rejetée si avant le jugement sur l'opposition, les opposants n'ont pas payé le montant des frais effectués par le jugement de défaut et la signification, d'après la taxe du Juge de police, à moins qu'il ne soit justifié de l'indigence des opposants.

396. — L'instruction sera publique à peine de nullité.

397. — L'instruction se fera dans l'ordre suivant:
Les procès-verbaux, s'il y en a, seront lus par le Greffier ;

Les témoins, s'il en a été appelé par le Ministère Public ou la partie civile, sont entendus s'il y a lieu ;

La partie civile prendra ses conclusions ;

La personne citée ou son fondé de pouvoir proposera sa défense et fera entendre ses témoins si elle en a amené ou fait citer, et si elle est recevable à les produire ;

Le Ministère Public donnera ses conclusions ; la partie citée proposera ses observations.

398. — Le Tribunal de police prononcera le jugement à l'audience où l'instruction aura été terminée ou au plus tard à l'audience suivante.

399. — Il sera statué par le même jugement sur les demandes en dommages-intérêts.

Tout jugement sera motivé ; en cas de condamnation, le *texte* de la loi appliquée y sera inséré à peine de nullité. Il sera signé dans les vingt-quatre heures par le Juge et le Greffier.

400. — La partie, qui succombera, sera condamnée aux frais qui seront liquidés par le jugement.

401. — La partie civile sera toujours tenue des frais, sauf son recours contre les personnes condamnées ou civilement responsables, et, si elle ne justifie pas de son indigence, elle devra, avant toute poursuite, déposer au Greffe la somme présumée nécessaire pour les frais et les condamnations.

402. — Si l'inculpé n'est pas reconnu auteur ou complice du fait reproché, ou si ce fait ne présente pas de contravention, ou si l'action pénale est prescrite, le Juge annulera la citation, renverra l'inculpé, statuera sur les dommages-intérêts, s'il y a lieu, et liquidera les frais.

403. — Si le fait emporte une peine correctionnelle ou plus grave, le Juge se déclarera incompétent et renverra les parties devant l'Avocat Général.

404. — Si l'inculpé est convaincu de contravention, le Juge de police prononcera la peine et statuera sur les demandes en restitution et dommages-intérêts.

405. — Le Ministère Public et la partie civile poursuivront l'exécution du jugement, chacun en ce qui le concerne.

406. — Le procès-verbal de la séance dressé par le Greffier sera signé du Juge et du Greffier.

407. — Les dispositions relatives à la publicité des débats, aux dépositions des témoins, à la rédaction, au prononcé et à l'exécution du jugement, à la conservation des minutes, en matière criminelle et correctionnelle, seront observées en matière de simple police.

408. — Les jugements rendus en matière de police pourront être attaqués par la voie de l'appel, lorsqu'ils prononceront un emprisonnement, ou lorsque les amendes, restitutions et autres réparations civiles excéderont la somme de cinq francs outre les dépens.

409. — L'appel pourra être émis :

1° Par l'inculpé et par les personnes responsables, lorsque le jugement prononce des condamnations ;

2° Par le Ministère Public, en cas d'acquittement ;

3° Par la partie civile et l'inculpé, lorsque la demande en dommages-intérêts excédera cinquante francs, et par la partie civile lors même que la demande serait inférieure à cinquante francs, si l'appel a été émis par l'inculpé ou par le Ministère Public.

410. — L'appel sera toujours ouvert pour violation ou omission non réparée des formalités prescrites à peine de nullité.

411. — L'appel sera suspensif.

Il sera porté au Tribunal Supérieur ; il devra être interjeté par l'inculpé et la partie civile dans les dix jours de la signification du jugement.

412. — Les dispositions des articles précédents sur la solennité de l'instruction, la nature des preuves, la forme, l'authenticité et la signature des jugements définitifs, la condamnation aux frais, ainsi que les peines que ces articles prononcent, seront communes aux jugements rendus sur l'appel par le Tribunal Supérieur.

413. — L'appel emporte renonciation à l'opposition.

414. — L'appel des jugements préparatoires ou interlocutoires ne pourra être interjeté qu'après le jugement définitif, conjointement avec l'appel de ce jugement, lors même que les jugements interlocutoires et préparatoires auraient été exécutés.

415. — L'appel sera fait par exploit signifié avec assignation et contenant les motifs et les griefs, il sera présenté au Greffier dans les vingt-quatre heures de sa date ; le Greffier en fera mention en marge du jugement attaqué et transmettra les pièces à l'Avocat Général.

S'il y avait plusieurs contrevenants condamnés, l'appel de l'un d'eux profiterait à tous.

L'appel, qui n'aurait pas été fait dans les délais prescrits, serait nul et le jugement exécuté.

416. — Les jugements rendus par défaut sur l'appel pourront être attaqués par la voie de l'opposition, et le jugement rendu sur l'opposition ne pourra plus être attaqué que par le recours en révision.

417. — L'appel sera jugé par le Tribunal Supérieur dans les formes des affaires correctionnelles.

Les témoins déjà entendus et d'autres témoins pourront être appelés.

Les appelants, qui succomberont, sont condamnés à une amende de dix francs.

418. — Le recours en révision contre les jugements rendus par le Tribunal de simple police ne sera ouvert qu'après le jugement sur l'appel.

TITRE II.

DE L'EXÉCUTION DES CONDAMNATIONS.

419. — Les condamnations aux peines corporelles prononcées en matière criminelle, correctionnelle et de police seront exécutées par les ordres de l'Avocat Général, qui pourra, à cet effet, requérir directement l'assistance de la force publique.

420. — Les arrêts, jugements et exécutoires portant condamnation au profit de l'État, à des amendes, restitutions, dommages-intérêts et frais en matière criminelle, correctionnelle et de police, ne pourront être exécutés par la voie de la contrainte par corps qu'en vertu d'une ordonnance du Président du Tribunal Supérieur cinq jours après le commandement qui sera fait aux condamnés et aux parties civilement responsables, à la requête du Receveur des Domaines.

Le Président ne pourra refuser de taxer et de rendre exécutoires les états et mémoires réguliers.

Dans le cas où le jugement de condamnation n'aurait pas été précédemment signifié au débiteur, le commandement portera en tête un extrait de ce juge-

ment, lequel contiendra les noms des parties et le
dispositif.

Sur le vu du commandement et de l'ordonnance
du Président, et sur la demande du Receveur des Domaines, l'Avocat Général adressera les réquisitions
nécessaires aux agents de la force publique et autres
fonctionnaires chargés de l'exécution des mande-
ments de justice.

Si le débiteur est détenu, la recommandation
pourra être ordonnée immédiatement après la notification du commandement.

421. — Les individus, contre lesquels la contrainte par corps aura été exercée aux termes de
l'article précédent, pendant la durée fixée par les
arrêts au jugement de condamnation, subiront l'effet
de cette contrainte et resteront en prison jusqu'à ce
qu'ils aient payé le montant intégral des condamnations ou fourni une caution admise par le Receveur
des Domaines, ou, en cas de contestation de sa part,
déclarée bonne et valable par le Tribunal Supérieur.

La caution devra s'exécuter dans le mois, à peine
de poursuites.

422. — Néanmoins les condamnés qui justifie-
ront de leur insolvabilité, seront mis en liberté après
avoir subi quinze jours de contrainte, lorsque l'a-
mende et les autres condamnations pécuniaires
n'excéderont pas quinze francs ; un mois, lorsqu'elles
s'élèveront de quinze à cinquante francs ; deux mois,
lorsque l'amende et les autres condamnations s'élè-

7

veront de cinquante à cent francs; et trois mois, lorsqu'elles excéderont cent francs.

423. — Lorsque la contrainte par corps aura cessé en vertu de l'article précédent, elle pourra être reprise, mais une seule fois, et quant aux restitutions, dommages-intérêts et frais seulement, s'il est jugé contradictoirement avec le débiteur qu'il lui est survenu des moyens de solvabilité.

424. — Dans tous les cas, la contrainte par corps exercée en vertu des articles 420, 421, est indépendante des peines prononcées contre les condamnés.

425. — Les arrêts et jugements, contenant des condamnations en faveur des particuliers pour réparations des crimes, délits ou contraventions commis à leur préjudice, seront, à leur diligence, signifiés et exécutés suivant les mêmes formes et voies de contrainte que les arrêts et jugements portant des condamnations au profit de l'État.

426. — Lorsque la condamnation prononcée n'excédera par trois cents francs, la mise en liberté des condamnés, arrêtés ou détenus à la requête et dans l'intérêt des particuliers, ne pourra avoir lieu en vertu des articles 421, 422, 423, qu'autant que la validité des cautions ou l'insolvabilité des condamnés auront été, en cas de contestation, jugées contradictoirement avec le créancier.

La durée de la contrainte par corps sera déterminée par le jugement de condamnation dans les limites de six mois à cinq ans.

427. — Lorsque les condamnations auront été

prononcées au profit d'une partie civile et qu'elles seront inférieures à trois cents francs, si le débiteur fait les justifications prescrites par l'article 422, la durée de l'emprisonnement sera la même que pour les condamnations prononcées au profit de l'État.

428. — Dans tous les cas et quand bien même l'insolvabilité du débiteur pourrait être constatée, si la condamnation prononcée, soit en faveur d'un particulier, soit en faveur de l'État, s'élève au-dessus de trois cents francs, la durée de la contrainte par corps, sera déterminée par l'arrêt ou le jugement de condamnation dans les limites de six mois au moins et de cinq ans au plus.

429. — Néanmoins si le débiteur atteint l'âge de soixante ans avant le jugement, la durée de la contrainte par corps sera déterminée dans la limite de trois mois à trois ans; s'il atteint sa soixantième année avant d'être écroué ou pendant son emprisonnement, la durée de sa détention sera réduite, de plein droit, à la moitié du temps qu'elle avait encore à courir aux termes du jugement.

430. — La contrainte par corps n'est jamais prononcée contre le débiteur au profit :

1° De son mari ni de sa femme ;

2° De ses ascendants, descendants, frères ou sœurs, ou alliés au même degré ;

3° De l'oncle ou de la tante, du grand-oncle ou de la grand'tante, du neveu ou de la nièce, du petit-neveu ou de la petite-nièce, ni des alliés au même degré.

431. — Dans aucun cas, la contrainte par corps ne pourra être exécutée contre le mari et contre la femme simultanément.

432. — Les parties poursuivantes seront tenues, lorsque la contrainte par corps sera exercée à leur requête et dans leur intérêt personnel, de consigner d'avance, la somme destinée à pourvoir aux aliments, pour trente jours au moins, ou pour plusieurs périodes de trente jours.

La somme destinée aux aliments sera de cinquante francs par mois.

433. — Faute de consignation d'aliments, l'élargissement du débiteur sera ordonné par le Président du Tribunal Supérieur sur simple requête.

Cette requête sera présentée en *duplicata;* l'ordonnance du Président, aussi rendue en *duplicata,* sera exécutée sur l'une des minutes qui restera entre les mains du gardien; l'autre minute sera déposée au Greffe du Tribunal et enregistré *gratis.*

434. — Le débiteur élargi faute de consignation d'aliments ne pourra plus être incarcéré pour la même dette.

435. — Les dispositions des arrêts et jugements relatifs à la contrainte par corps seront sujets à la révision ; mais le pourvoi ne sera pas suspensif.

TITRE III.

DES MANIÈRES DE SE POURVOIR

CONTRE LES ARRÊTS OU JUGEMENTS.

Des Nullités, du Recours en révision et de la Révision d'un procès.

—

CHAPITRE Ier.

DES NULLITÉS.

436. — Il n'y a des nullités en matière criminelle, correctionnelle et de police que dans les cas où la nullité est formellement prononcée par la loi.

437. — Les ordonnances de mise en accusation, les arrêts et jugements rendus en dernier ressort en matière criminelle, correctionnelle et de police pourront être annulés dans les cas suivants, sur les demandes et sur les recours formés d'après les distinctions qui vont être établies.

§ I.

Des matières criminelles.

438. — En matière criminelle, l'irrégularité des actes d'instruction qui ont précédé l'ordonnance de mise en accusation ne peut constituer de nullités.

439. — Lorsque l'accusé aura subi une condamnation, et que, soit dans les débats, soit dans l'arrêt de condamnation, il y aura eu violation ou omission de quelque formalité prescrite par le présent Code à peine de nullité, cette omission ou violation, si elle n'a pas été réparée, pourra donner lieu, sur la poursuite de la partie condamnée ou du Ministère Public, à l'annulation de l'arrêt de condamnation et des débats, à partir du plus ancien acte nul, pourvu que la nullité ne soit pas couverte par le silence de l'un ou de l'autre.

Il en sera de même, tant dans les cas d'incompétence que lorsque le Tribunal n'aura pas été composé de la manière établie par la loi, ou lorsqu'il aura été omis ou refusé de prononcer, soit sur une ou plusieurs demandes de l'accusé, soit sur une ou plusieurs réquisitions du Ministère Public, tendant à user d'une faculté ou d'un droit accordé par la loi, bien que la peine de nullité ne fût pas attaché textuellement à l'absence de la formalité dont l'exécution aura été demandée ou réquise.

Dans ce cas, le pourvoi ne sera admis qu'autant qu'il en aura été fait la réserve.

440. — L'annulation de l'arrêt pourra être poursuivie par le Ministère Public et par la partie condamnée, lorsque la nullité procédera de ce que l'arrêt aura prononcé une peine autre que celle appliquée par la loi à la nature du crime, ou lorsqu'une peine aura été appliquée à un fait qui n'est pas défendu par une loi pénale.

441. — Lorsque la peine prononcée sera la même que celle portée par la loi qui s'applique au crime, nul ne pourra demander l'annulation de l'arrêt, sous prétexte qu'il y aurait erreur dans la citation du texte de la loi.

442. — Dans le cas d'acquittement de l'accusé, l'annulation de l'arrêt qui l'aura prononcé et de ce qui l'aura précédé, ne pourra être poursuivie par le Ministère Public que dans l'intérêt de la loi et sans préjudicier à la partie acquittée.

Il en sera de même à l'égard des arrêts d'absolution, à moins que l'absolution n'ait été prononcée sur le motif de la non existence d'une loi pénale qui pourtant existait. Dans ce cas le Ministère Public n'aura que vingt-quatre heures pour faire sa déclaration au Greffe.

443. — La partie civile pourra se pourvoir en révision contre les arrêts de condamnation, quant aux dispositions relatives à ses intérêts civils.

Dans aucun cas, elle ne pourra poursuivre l'annulation d'une ordonnance ou d'un arrêt d'acquittement ou d'absolution.

Cependant, si l'arrêt a prononcé contre elle des condamnations civiles, supérieures aux demandes de la partie acquittée ou absoute, cette disposition de l'arrêt pourra être annulée sur la demande de la partie civile.

§ II.

Des matières correctionnelles et de police.

444. — Les voies d'annulation exprimées en l'article 440 sont respectivement ouvertes à la partie poursuivie pour un délit ou une contravention, au

Ministère Public, et à la partie civile, s'il y en a une, contre tous jugements correctionnels et de police en dernier ressort, sans distinction de ceux qui ont prononcé le renvoi de la partie poursuivie ou sa condamnation.

Néanmoins, lorsque le renvoi de cette partie aura été prononcé, nul ne pourra se prévaloir contre elle de la violation ou omission des formes prescrites pour assurer sa défense.

445. — Les dispositions des articles 440, 441, 442, 443, 444 sont applicables aux jugements correctionnels et de police en dernier ressort.

CHAPITRE II.

DE LA RÉVISION.

§ I.

Du pourvoi contre les ordonnances, arrêts ou jugements·

446. — Le pourvoi en révision contre les jugements préparatoires et d'instruction ou les jugements et arrêts en dernier ressort de cette qualité, ne sera ouvert qu'après l'arrêt ou jugement définitif; l'exécution volontaire de tels arrêts ou jugements préparatoires ne pourra en aucun cas être opposée comme fin de non recevoir.

La présente disposition ne s'applique point aux ordonnances, arrêts ou jugements rendus sur la compétence, dans ce cas, il sera sursis à l'exécution jusqu'après les délais du pourvoi, et, s'il y a pourvoi, jusqu'à la décision sur le pourvoi.

447. — La déclaration du pourvoi en révision sera faite au Greffe du Tribunal Supérieur, soit par le condamné ou la partie civilement responsable, soit par l'Avocat Général ou la partie civile dans les trois jours de l'arrêt ou du jugement de condamnation.

Le pourvoi de l'Avocat Général contre une ordonnance, un arrêt ou un jugement d'absolution motivé sur la non existence d'une loi pénale qui pourtant existait, devra être formé dans les vingt-quatre heures de la décision d'absolution.

Les délais pour la déclaration du pourvoi au Greffe sont de rigueur, à peine de déchéance.

Si l'arrêt a été rendu par contumace, et que le pourvoi soit motivé sur l'incompétence, la déclaration du pourvoi sera faite, sous la même peine de déchéance, dans les dix jours francs de la publication et affiche du jugement de condamnation par contumace ; s'il s'agit d'un jugement par défaut rendu en police correctionnelle ou en simple police, la déclaration sera faite dans les dix jours de la notification à personne ou à domicile.

Le Ministère Public pourra, dans tous les cas, se pourvoir en révision dans l'intérêt de la loi, même après l'expiration des délais déterminés, sans que les parties puissent se prévaloir de la décision qui interviendra pour s'opposer à l'exécution de l'arrêt ou du jugement.

448. — La déclaration du pourvoi par la partie condamnée, sera signée d'elle et du Greffier.

Si le déclarant ne sait ou ne veut signer, le Greffier en fera mention.

Cette déclaration pourra être faite, dans la même forme, par le défenseur de la partie condamnée ou par un fondé de pouvoir spécial ; dans ce dernier cas, le mandat demeurera annexé à la déclaration.

Elle sera inscrite sur un registre à ce destiné ; il en sera fait mention en marge du jugement ou de l'arrêt.

449. Lorsque le pourvoi sera exercé par la partie civile ou par le Ministère Public, il sera signé et inscrit ainsi qu'il est ordonné par l'article précédent.

450. — Dans les cinq jours qui suivront celui de la déclaration du pourvoi, la partie qui se sera pourvue en révision, sauf le cas de pourvoi par le Ministère Public dans l'intérêt de la loi, notifiera à l'autre partie, par le ministère d'un huissier, l'acte du pourvoi et sa requête contenant les moyens de révision avec l'indication précise des formalités omises et des articles de loi violés.

L'autre partie aura dix jours, après la signification de la requête du demandeur, pour faire et pour signifier sa contre requête.

451. — Lorsque la partie, contre laquelle le pourvoi sera dirigé, se trouvera détenue, la déclaration du pourvoi lui sera lue par le Greffier du Tribunal Supérieur ; elle le signera, et si elle ne le veut ou ne le peut, le Greffier en fera mention.

452. — La partie civile qui se sera pourvue en révision, sera tenue de joindre aux pièces une expédition authentique de l'ordonnance, de l'arrêt ou du jugement attaqué.

Elle sera tenue aussi, à peine de déchéance, de déposer dans la caisse du Trésorier Général des finances, une amende de cent cinquante francs en matière criminelle, de cent vingt-cinq francs en matière correctionnelle et de cinquante francs en matière de simple police.

453. — Sont dispensés de l'amende : 1° les condamnés en matière criminelle ; 2° les agents publics pour affaires qui concernent directement l'administration et les domaines de l'État.

A l'égard de toutes autres personnes l'amende sera encourue par celles qui succomberont dans le pourvoi.

Seront dispensés de déposer l'amende : 1° les personnes qui joindront à leur demande en révision un certificat d'indigence à elles délivré par le Maire et visé par le Gouverneur Général ; 2° les Magistrats de l'ordre administratif et judiciaire, les dépositaires et agents de l'autorité publique, à l'occasion des faits ayant eu lieu dans l'exercice ou à l'occasion de l'exercice de leurs fonctions.

454. — Les condamnés en matière correctionnelle et de police à une peine emportant privation de la liberté, ne seront pas admis à se pourvoir en révision pendant les délais de l'opposition si le jugement a été prononcé par défaut, ni pendant les délais de l'appel si le jugement contradictoire a été rendu par le Tribunal de police. Dans tous les cas, ils devront se constituer en état de détention, lorsqu'ils auront été condamnés à un emprisonnement de plus de quinze jours et qu'ils n'auront pas été mis en liberté sous caution.

Si l'arrêt a été rendu par contumace, le condamné devra purger la contumace avant d'être admis à se pourvoir en révision.

Néanmoins, si le recours est motivé sur l'incompétence, il suffira au contumax de justifier qu'il s'est constitué prisonnier.

Le gardien de la prison pourra l'y recevoir sur la présentation de sa demande visée par l'Avocat Général.

L'acte d'écrou ou de mise en liberté sous caution sera annexé à l'acte de pourvoi en révision.

455. — A l'expiration du délai fixé par l'article 450, la partie condamnée et la partie civile déposeront au Greffe du Tribunal Supérieur leur requête et contre requête avec leurs pièces à l'appui, y compris la quittance de la consignation d'amende par le demandeur qui n'en sera pas dispensé.

Le Greffier lui en donnera une reconnaissance et remettra, sur-le-champ, les requêtes, contre requêtes et autres pièces à l'Avocat Général, avec un inventaire de toutes les pièces déposées, à peine de vingt-cinq francs d'amende qui sera prononcée par l'ordonnance de révision.

456. — Le condamné, la partie civile et le Ministère Public devront se communiquer tous mémoires ou requêtes qu'ils produiront à l'appui ou contre le pourvoi.

457. — L'Avocat Général, après le dernier délai, transmettra immédiatement au Conseiller Secrétaire du Conseil de Révision les pièces du procès, la copie de l'ordonnance de l'arrêt ou du jugement attaqué, le pourvoi et les mémoires s'il en a été déposé.

458. — Si l'ordonnance, l'arrêt ou le jugement attaqué avait été rendu contre plusieurs personnes auteurs ou complices du même fait, le pourvoi de l'un fera suspendre l'exécution à l'égard des autres.

459. — Dans toute affaire criminelle, correctionnelle ou de police, si la déclaration du pourvoi, ou la requête en révision ne contient pas les moyens de révision, l'indication des formalités omises et les articles de la loi violés; ou si la partie civile qui se sera pourvue, n'a pas opéré le dépôt de l'amende aux termes de l'art. 452, deuxième alinéa, le pourvoi sera déclaré non recevable et le demandeur n'en sera pas moins condamné à la moitié de l'amende, sauf les cas prévus par le premier alinéa de l'art. 453.

460. — Si les formalités prescrites ont été régulièrement observées, le Conseil de Révision, après avoir examiné les moyens du pourvoi, ceux de la défense et toutes les pièces y relatives, en délibérera et présentera au Prince un rapport accompagné d'un projet d'ordonnance.

461. — Si un arrêt ou un jugement est annulé pour avoir prononcé une peine autre que celle appliquée par la loi au fait incriminé déclaré constant, l'ordonnance de révision renverra le procès devant le même Tribunal pour l'application de la loi sur la déclaration de culpabilité déjà contenue dans l'arrêt ou le jugement annulé.

Il en sera de même si l'arrêt ou le jugement est annulé pour avoir déclaré sur le motif de la non existence d'une loi pénale qui pourtant existait, que le fait incriminé ne constituait pas un crime, un délit ou une contravention ; ou pour avoir déclaré que l'action pénale était prescrite, tandis que le délai de la prescription n'était pas encore écoulé.

462. — Si un arrêt ou un jugement est annulé pour autre cause, l'ordonnance de révision renverra le procès devant le Tribunal Supérieur composé d'autres juges, devant lesquels il sera procédé à de nouveaux débats.

Il ne sera annulé qu'une partie de l'arrêt ou du jugement, lorsque la nullité ne viciera que quelques-unes de ses dispositions.

463. — Lorsque l'arrêt ou le jugement sera annulé parce que le fait, qui a donné lieu à la condamnation, n'a pas les caractères voulus par la loi pour constituer un crime, un délit ou une contravention, le renvoi ne sera ordonné que s'il y a partie civile en cause et devant le Tribunal civil.

S'il n'y pas de partie civile, aucun renvoi ne sera prononcé.

464. — Le condamné, qui se sera pourvu en révision, ne pourra, lorsqu'il n'y a pas un pourvoi du

Ministère Public, être condamné à une peine plus grave que celle à laquelle il avait été condamné.

465. — La partie civile, qui succombera dans son pourvoi, sera condamnée envers la partie acquittée, absoute ou renvoyée, à une indemnité de cent cinquante francs en matière criminelle, de cent francs en matière correctionnelle, de cinquante francs en matière de police et aux frais, indépendamment de l'amende déposée en formant le pourvoi aux termes de l'article 452.

Les agents publics, les administrations ou régies de l'État, qui succomberont dans les affaires concernant directement l'administration et les domaines de l'État, ne seront condamnés qu'aux frais et à l'indemnité.

Les condamnés en matière correctionnelle et de police, ainsi que les personnes civilement responsables qui succomberont, seront condamnés seulement à l'amende et aux frais.

466. — Lorsque l'arrêt ou le jugement attaqué aura été annulé, l'amende déposée sera rendue, lors même que l'ordonnance de révision n'ordonnerait pas la restitution de l'amende.

467. — Lorsqu'un pourvoi en révision aura été rejeté, la partie, qui l'aura formé, ne pourra plus se pourvoir en révision contre le même arrêt ou le même jugement, sous quelque prétexte et par quelque moyen que ce soit.

468. — Dans les trois jours qui suivront la date de l'ordonnance de révision, au plus tard, la minute de l'ordonnance sera adressée à l'Avocat Général qui en requerra l'enregistrement et la transcription sur les registres du Greffe du Tribunal Supérieur, dans les vingt-quatre heures de sa réception.

§ II.

De la révision d'un procès.

469. — Lorsqu'un accusé ou un prévenu aura été condamné pour un crime ou un délit, et qu'un autre accusé ou prévenu sera aussi condamné pour le même crime ou le même délit ; si les deux arrêts ou jugements ne peuvent se concilier et font la preuve de l'innocence de l'un ou de l'autre condamné, l'exécution des deux arrêts ou jugements sera suspendue, quand même le pourvoi en révision de l'un ou de l'autre aurait été rejeté.

L'Avocat Général dénoncera les deux jugements ou les deux arrêts au Conseil de Révision qui, après avoir vérifié que les deux condamnations ne peuvent se concilier, cassera les deux jugements ou les deux arrêts, et renverra les accusés ou prévenus pour être procédé par une seule et même décision sur les deux actes d'accusation subsistant.

470. — Lorsqu'après une condamnation pour homicide, il sera découvert des pièces ou renseignements propres à faire naître des indices suffisants sur l'existence de la personne dont la mort supposée aurait donné lieu à la condamnation, l'Avocat Général en informera le Conseil de Révision qui ordonnera d'informer par tous les moyens propres à mettre en évidence le fait destructif de la condamnation.

L'exécution de la condamnation sera suspendue de plein droit, et, après qu'il aura été statué sur la nouvelle information touchant l'identité ou la non identité de la personne, l'ordonnance de révision pourra casser l'arrêt de condamnation et renvoyer l'affaire pour être statué par nouvel arrêt sur le fait incriminé.

471. — Lorsqu'il y aura lieu de réviser une condamnation pour la cause exprimée en l'article 470, et que cette condamnation aura été portée contre un individu mort depuis, le Conseil de Révision nommera un curateur à sa mémoire, avec lequel se fera l'instruction et qui exercera tous les droits du condamné.

Si, par le résultat de la nouvelle procédure, la condamnation se trouve avoir été portée injustement, le nouvel arrêt déchargera la mémoire du condamné de l'accusation qui avait été portée contre lui.

472. — Lorsqu'après une condamnation contre un accusé ou un prévenu, l'un ou plusieurs des témoins qui avaient déposé à charge seront poursuivis pour avoir porté un faux témoignage dans le procès, et si l'accusation en faux témoignage est admise contre eux, ou même s'il est seulement décerné contre eux des mandats d'arrêt, l'exécution de l'arrêt ou jugement de condamnation sera suspendue de plein droit, quand même le pourvoi en révision du condamné aurait été rejeté.

Si les accusés de faux témoignage sont acquittés ou absous, le sursis sera levé de droit, et l'arrêt ou le jugement de condamnation sera exécuté.

Si les témoins sont condamnés pour faux témoignage à charge, l'Avocat Général, soit d'office, soit sur la réclamation de l'individu condamné, dénoncera le fait au Conseil de Révision.

Après vérification des faits qui ont servi de base à la condamnation, l'ordonnance de révision annulera l'arrêt ou le jugement, si les témoins sont convaincus de faux témoignage à charge, et renverra le condamné pour être procédé par nouveau jugement ou par nouvel arrêt.

473. — Les témoins condamnés pour faux témoignage ne pourront être entendus dans les nouveaux débats.

TITRE IV.

DE QUELQUES PROCÉDURES PARTICULIÈRES.

—

CHAPITRE Iᵉʳ.

Du faux.

474. — Dans tous les procès pour faux en écriture, la pièce arguée de faux, aussitôt qu'elle aura

été produite, sera déposée au Greffe du Tribunal
Supérieur, signée et paraphée à toutes les pages par
le Greffier qui dressera un procès-verbal détaillé de
l'état matériel de la pièce, et par la personne qui
l'aura déposée, si elle sait signer, ce dont il sera fait
mention ; le tout à peine de cinquante francs d'a-
mende contre le Greffier qui l'aura reçue sans que
cette formalité ait été remplie.

475. — Si la pièce arguée de faux est tirée d'un
dépôt public, le fonctionnaire qui s'en dessaisira, la
signera aussi et la paraphera, comme il vient d'être
dit, sous peine d'une pareille amende.

476. — La pièce arguée de faux sera de plus
signée par l'officier de police judiciaire, et par la
partie civile ou son défenseur si ceux-ci se pré-
sentent

Elle le sera également par l'inculpé, au moment
de sa comparution.

Si les comparants, ou quelques-uns d'entre eux, ne
peuvent pas ou ne veulent pas signer, le procès-
verbal en fera mention.

477. — Les plaintes et dénonciations en faux
pourront toujours être suivies, lors même que les
pièces qui en font l'objet auraient servi de fondement à des actes judiciaires ou civils.

478. — Tout dépositaire public ou particulier de
pièces arguées de faux est tenu, sous peine d'y être
contraint par corps, de les remettre, sur l'ordonnance donnée par le Ministère Public ou par le Juge
d'instruction.

Cette ordonnance et l'acte de dépôt lui serviront de décharge envers tous ceux qui auront intérêt à la pièce.

479. — Les pièces fournies pour servir de comparaison seront signées et paraphées à toutes les pages comme la pièce arguée de faux, et sous les mêmes peines.

480. — La pièce arguée de faux sera présentée à l'inculpé au moment de son interrogatoire à l'effet de la reconnaître, il sera requis de la signer à toutes les pages; s'il ne peut ou ne veut signer, il en sera fait mention au procès-verbal.

L'inculpé pourra être requis de produire et de former un corps d'écriture en présence et sous la dictée du Juge d'instruction; en cas de refus ou de silence, le procès-verbal en fera mention.

481. — La vérification des pièces arguées de faux se fera par titres s'il y a lieu, par experts et par témoins.

482. — Le Juge d'instruction recherchera les pièces qui pourront servir de comparaison.

Tous dépositaires publics pourront être contraints, même par corps, à fournir les pièces de comparaison qui seront en leur possession : l'ordonnance et l'acte de dépôt leur serviront de décharge envers ceux qui pourraient avoir intérêt à ces pièces.

483. — S'il est nécessaire de déplacer une pièce authentique, il en sera laissé au dépositaire une copie collationnée, laquelle sera vérifiée sur la minute ou l'original par le magistrat instructeur qui en dressera procès-verbal ; et si le dépositaire est une personne publique, cette copie sera par lui mise au rang de ses minutes pour en tenir lieu jusqu'au renvoi de la pièce, et il pourra en délivrer des grosses ou expéditions, en faisant mention du procès-verbal.

Si la pièce se trouve faire partie d'un registre, de manière à ne pouvoir en être momentanément distraite, le Tribunal Supérieur pourra, en ordonnant l'apport du registre, dispenser de la formalité établie par le présent article.

484. — Les écritures privées peuvent aussi être produites pour pièces de comparaison, et être admises à ce titre, si les parties intéressées les reconnaissent ; néanmoins elles ne seront admises à ce titre que dans le cas où le Juge d'instruction ne pourrait facilement avoir des écritures publiques ou tirées de dépôts publics.

Dans tous les cas, il sera fait usage préférablement d'écritures dont la date est rapprochée de celle de la pièce arguée de faux.

485. — Les particuliers qui, même de leur aveu, sont possesseurs d'écritures privées pouvant servir de comparaison, ne peuvent être immédiatement contraints à les remettre ; mais si, après avoir été cités devant le Tribunal Supérieur pour faire cette remise ou déduire les motifs de leur refus, ils succombent, le jugement pourra ordonner qu'ils y seront contraints par corps.

Copie collationnée sera laissée aux détenteurs s'ils la requièrent.

486. — Un ou plusieurs experts pourront être appelés par le magistrat instructeur dans le cours de l'information, et par le Président du Tribunal criminel aux débats; ils seront choisis parmi les personnes qui, à raison de leur profession, seront plus capables d'apprécier exactement les signes de fausseté que pourront présenter les pièces arguées de faux.

487. — Les experts prêteront préalablement serment de procéder en leur âme et conscience.

La pièce arguée de faux leur sera soumise, sans déplacement, avec le procès-verbal qui a constaté son état et toutes les pièces de comparaison lorsqu'il y en aura.

Dans le cours de l'information, ils procéderont conjointement à l'expertise en présence du magistrat instructeur; s'ils ne peuvent terminer le même jour, ils remettront à jour et heure certains indiqués par le procès-verbal du Juge d'instruction; le procès-verbal d'expertise sera signé des experts, du Juge d'instruction et du Greffier.

Aux débats, l'expertise sera constatée par la déposition orale des experts.

488. — Les experts dresseront un rapport détaillé qu'ils rédigeront dans la Chambre du Conseil du Tribunal Supérieur, et dans lequel ils mentionneront toutes les pièces qui leur auront été remises; ils ne formeront qu'un seul avis à la pluralité des voix; ils expliqueront les motifs de leurs avis sans faire connaître l'avis personnel de chacun d'eux; le procès-verbal du Juge d'instruction constatera le dépôt du rapport y annexé.

Les experts signeront la pièce arguée de faux et celles de comparaison, si ces pièces ne sont pas des actes publics ou authentiques.

489. — Les experts pourront jusqu'au jugement définitif être appelés à fournir de nouveaux éclaircissements.

490. — Lorsque des témoins s'expliqueront sur une pièce du procès, ils la parapheront et la signeront ; s'ils ne peuvent signer, le procès-verbal en fera mention.

491. — Si, dans le cours d'une instruction ou d'une procédure, une pièce produite est arguée de faux par l'une des parties, elle sommera l'autre de déclarer si elle entend se servir de la pièce.

492. — La pièce sera rejetée, si la partie déclare qu'elle ne veut pas s'en servir, ou si, dans le délai de huit jours, elle ne fait aucune déclaration ; et il sera passé outre à l'instruction et au jugement.

Si la partie déclare qu'elle entend se servir de la pièce, l'instruction sur le faux sera suivie incidemment devant le Tribunal Supérieur.

493. — Si la partie, qui a argué de faux la pièce, soutient que celui qui l'a produite est l'auteur ou le complice du faux, ou qu'il en fait sciemment usage, ou s'il résulte de la procédure que l'auteur ou le complice du faux soit vivant, et la poursuite du crime non éteinte soit par la prescription, soit par un jugement ou un arrêt d'acquittement ou d'absolution ayant acquis l'autorité de la chose jugée, l'accusation sera poursuivie criminellement dans les formes ci-dessus prescrites.

494. — Si l'existence du faux est liée à l'issue du procès civil, il sera sursis au jugement civil jusqu'à ce qu'il ait été prononcé sur le faux.

495. — S'il s'agit de crimes, délits ou contra-ventions, le Tribunal Supérieur est tenu de décider préalablement, après avoir entendu le Ministère Public, s'il y a lieu ou non à surseoir.

496. — Après le jugement d'inscription de faux incident, l'Avocat Général pourra poursuivre l'accusation lors même que la partie, qui a argué de faux, cesserait de soutenir que celui qui a produit la pièce est l'auteur ou le complice du faux ou qu'il fait sciemment usage de la pièce contrefaite ou falsifiée.

497. — Si le Tribunal Supérieur trouve dans la visite d'un procès, même civil, des indices sur un faux et sur la personne qui l'a commis, il ordonnera le dépôt de la pièce sur laquelle s'élèvent les indices de faux, pour être informé s'il y a lieu.

498. — L'inscription de faux contre les procès-verbaux des officiers de police judiciaire et les agents du Gouvernement devra être formée par déclaration au Greffe du Tribunal Supérieur, en personne ou par un fondé de pouvoir spécial, avant le jour de l'audience à laquelle le procès-verbal doit être produit.

499. — Lorsqu'une pièce aura été reconnue fausse, le Tribunal Supérieur ordonnera, selon les circonstances, qu'elle soit supprimée ou détruite.

Lorsque des actes publics ou authentiques auront été déclarés faux en tout ou en partie, le Tribunal, suivant le cas, ordonnera qu'ils soient rayés, rectifiés ou rétablis.

Si le faux n'est pas reconnu, la pièce arguée de faux sera restituée.

500. — Dans tous les cas, le Tribunal Supérieur statuera sur la restitution des pièces de comparaison produites au procès.

501. — Si le jugement ou l'arrêt est rendu par défaut ou par contumace, la pièce arguée de faux restera déposée au Greffe du Tribunal Supérieur, et les pièces de comparaison ne seront restituées aux parties intéressées qu'à la charge de les représenter à la première réquisition, jusqu'à ce que le jugement soit devenu définitif.

Cette remise sera constatée par procès-verbal du Greffier signé par le Greffier et par tous ceux qui y auront été appelés.

502. — Le Greffier du Tribunal Supérieur ne pourra délivrer aucune copie ou expédition des pièces prétendues fausses, qu'en vertu d'un jugement dont il sera fait mention sur la pièce et sur l'expédition.

Le Greffier pourra, sans être autorisé par un jugement, délivrer aux parties en droit d'en demander, des expéditions des actes non argués de faux, notamment des registres, dont les originaux ou minutes auraient été remis au Greffe pour servir à l'instruction et qui devraient rester déposés jusqu'à ce que le jugement ou l'arrêt rendu par défaut ou par contumace soit devenu définitif. Il ne devra pas percevoir des droits autres que ceux qui seraient dus aux dépositaires de ces originaux ou minutes.

S'il a été fait par les dépositaires de ces originaux ou minutes, des expéditions pour en tenir lieu en exécution de l'article 483, lesdits actes ne pourront être expédiés que par les dépositaires eux-mêmes.

503. — Les dispositions des deux articles précédents seront exécutées par le Greffier, en ce qui le concerne, sous peine d'une amende de cinquante à deux cents francs, même de suspension et de dommages-intérêts envers les parties.

504. — Si le Tribunal Supérieur déclare la non existence du faux, le demandeur en faux sera condamné, le Ministère Public entendu, à une amende de deux cents à cinq cents francs et à tels dommages-intérêts qu'il appartiendra envers la partie accusée de faux.

505. — Toutes perquisitions pourront être faites dans les maisons des personnes soupçonnées d'avoir fabriqué, introduit, distribué soit des monnaies métalliques fausses, soit des effets publics nationaux ou étrangers contrefaits ou falsifiés, ou d'avoir contrefait les sceaux et timbres du Gouvernement.

506. — Le surplus de l'instruction sur le faux se fera comme sur les autres crimes et délits.

CHAPITRE II.

DES CRIMES ET DÉLITS COMMIS PAR DES MAGISTRATS

OU AUTRES FONCTIONNAIRES PUBLICS.

507. — Lorsqu'un fonctionnaire public sera inculpé d'un crime ou d'un délit, l'Avocat Général en rendra compte au Gouverneur Général et demandera l'autorisation de poursuivre.

508. — Le Gouverneur Général soumettra la demande au Conseil d'État qui ordonnera ou refusera l'autorisation de poursuivre.

509. — Lorsque l'autorisation sera accordée, l'inculpé cessera d'exercer ses fonctions pendant l'information.

510. — Le Président du Tribunal Supérieur remplira les fonctions de Juge d'instruction, et la procédure sera suivie d'après les prescriptions du présent Code, comme à l'égard de tout inculpé.

511. — Lorsque la procédure sera terminée, soit qu'il n'existe aucune charge contre l'inculpé, soit que les preuves soient insuffisantes, soit qu'il y ait lieu de le renvoyer en état d'accusation ou de prévention, le Président en rendra compte au Gouverneur Général.

CHAPITRE III.

DES CRIMES, DÉLITS OU CONTRAVENTIONS CONTRAIRES
AU RESPECT DES AUTORITÉS CONSTITUÉES ; OU COMMIS
A UNE AUDIENCE ET DANS TOUT AUTRE LIEU PENDANT
QU'UN MAGISTRAT Y PROCÈDE A DES ACTES JUDI-
CIAIRES.

512. — Lorsqu'à l'audience d'un Tribunal ou
en tout autre lieu où il est procédé à des actes judiciaires en matière civile, commerciale ou criminelle
par un magistrat, l'un ou plusieurs des assistants ne
se tiendront pas avec respect, interrompront le silence, donneront des signes publics, soit d'approba-
tion, soit d'improbation, ou exciteront du tumulte de
quelque manière que ce soit, le Président ou le Juge
les admonestera et pourra même les faire expulser ;
s'ils résistent à ses ordres, il ordonnera de les arrêter
et de les conduire dans la maison d'arrêt ; il sera fait
mention de cet ordre dans le procès-verbal.

Les perturbateurs seront reçus dans la maison
d'arrêt sur l'exhibition de l'ordre et retenus vingt-
quatre heures, s'ils ne sont retenus plus longtemps
par mandat de dépôt.

513. — Lorsque le tumulte aura été accompagné
d'injures ou de voies de fait, donnant lieu à l'application de peines correctionnelles ou de police, ces
peines pourront être prononcées séance tenante,

immédiatement après que les faits auront été constatés, savoir :

Les peines de police sans appel, de quelque Tribunal ou Juge qu'elles émanent ;

Les peines correctionnelles par le Tribunal Supérieur jugeant correctionnellement.

514. — Le Gouverneur Général, le Maire et tous les fonctionnaires de l'ordre administratif et judiciaire, lorsqu'ils rempliront publiquement quelques actes de leur ministère, exerceront aussi les fonctions de police réglées par l'article 512 ; après avoir fait saisir les perturbateurs et avoir dressé procès-verbal du délit, ils feront conduire les perturbateurs à la maison d'arrêt à la disposition de l'Avocat Général auquel sera transmis le procès-verbal des faits.

515. — A l'égard des crimes, délits et contraventions qui, sans avoir pour objet de manquer de respect aux magistrats, seraient commis dans les lieux où ils exerceront leurs fonctions, il sera procédé conformément aux distinctions ci-après établies:

Si le fait est commis pendant la durée d'une audience et dans l'enceinte du Tribunal, l'audience sera suspendue, le Président dressera procès-verbal du fait, entendra les témoins et pourra décerner mandat d'amener contre l'auteur ou les auteurs.

516. — Si le fait se produit à l'audience civile, commerciale, correctionnelle ou criminelle du Tribunal Supérieur et qu'il soit passible des peines correctionnelles ou de police, ce Tribunal appliquera, sans désemparer, les peines encourues.

Si l'auteur ne peut être arrêté, le jugement sera prononcé par défaut à la même audience.

517. — Si le fait se produit à l'audience civile ou de police du Juge de paix, ce Juge appliquera les peines de simple police, et si le fait est passible de peines correctionnelles, il renverra l'inculpé ou les inculpés en état d'arrestation, à la disposition de l'Avocat Général auquel il adressera son rapport.

518. — Si le fait est de la compétence du Tribunal criminel, quel que soit le lieu où il s'est produit, il sera décerné mandat d'arrêt contre l'auteur ou les auteurs, pour être procédé comme en matière criminelle, à partir de l'ordonnance de renvoi.

CHAPITRE IV.

DE LA MANIÈRE DE PROCÉDER DANS LE CAS
DE RÉCUSATION DES JUGES.

519. — Tout Juge pourra être récusé en matière criminelle, correctionnelle et de police comme en matière civile :

1° S'il a un intérêt personnel au résultat des poursuites ;

2° S'il est parent ou allié de l'inculpé jusqu'au degré de cousin germain inclusivement ;

3° Si le Juge ou sa femme sont parents ou alliés de l'inculpé ou de la femme de l'inculpé, au degré ci-dessus, lorsque la femme est vivante ou qu'étant décédée il en existe des enfants ; si elle est décédée et qu'il n'y ait point d'enfants, le beau-père, le gendre ni les beaux-frères ne pourront être juges.

La disposition relative à la femme décédée s'appliquera à la femme séparée de corps, s'il en existe des enfants ;

4° Si le Juge est tuteur, subrogé tuteur ou curateur, héritier présomptif ou donataire de l'inculpé ;

5° Si, dans l'année qui a précédé l'inculpation, il y a eu procès criminel ou civil entre le Juge et l'inculpé ou son conjoint, ou ses parents et alliés en ligne directe ;

6° S'ils sont créanciers ou débiteurs l'un de l'autre ;

7° Si, en dehors de l'information, le Juge a donné un avis sur l'affaire ; si, depuis l'information, il a bu ou mangé chez l'inculpé, ou s'il en a reçu des présents ;

8° S'il y a eu inimitié entre le Juge et l'inculpé.

520. — Lorsqu'un membre du Tribunal Supérieur saura qu'il est dans le cas d'être récusé, il sera tenu de le déclarer au Tribunal qui décidera, en Chambre du Conseil, s'il doit s'abstenir.

Le Juge de police devra, dans le même cas, transmettre sa déclaration à l'Avocat Général, lequel en fera rapport au Tribunal en Chambre du Conseil, pour qu'il soit statué.

521. — Les Officiers du Ministère Public ne pourront pas être récusés ; ils auront cependant la faculté de s'abstenir, lorsqu'ils se trouveront dans l'un des cas ci-dessus.

522. — Les récusations pourront être proposées soit par le prévenu ou accusé, soit par le Ministère Public ou la partie civile.

Elles seront discutées et décidées par le Tribunal Supérieur en Chambre du Conseil, sans l'intervention du Juge récusé.

Lorsque par la récusation de Juges du Tribunal, leur nombre restera insuffisant pour prononcer sur la récusation, le Tribunal se complétera de la manière prescrite par la loi sur l'organisation judiciaire.

523. — Celui qui voudra récuser un des membres du Tribunal Supérieur sera tenu d'en exposer les motifs et dénoncer les moyens de preuve à l'appui, dans un acte signé de lui ou de son fondé de procuration spéciale, laquelle sera annexée à l'acte.

L'acte de récusation sera signifié au Greffier du Tribunal Supérieur; il lui en sera laissé copie vingt-quatre heures au plus tard, avant l'audience fixée pour les débats et le jugement ou l'arrêt. Le Greffier visera l'original et transmettra immédiatement la copie de la récusation au Juge récusé.

524. — Le Juge récusé fera, dans les trois jours, sa déclaration par écrit sur les faits qui font l'objet de la récusation et la transmettra au Greffe du Tribunal ; en attendant, il sera sursis aux débats.

525. — Dans les vingt-heures qui suivront le délai de trois jours fixé par l'article précédent, le Greffier remettra la récusation, la réponse du Juge récusé si elle a été faite, et toutes les pièces qui lui auront été consignées, à l'Avocat Général qui devra soumettre le tout dans le plus bref délai au Tribunal en Chambre du Conseil.

526. — Si le Juge récusé convient des faits de récusation, ou si ces faits sont prouvés, le Tribunal ordonnera que le Juge ait à s'abstenir.

Si le Juge ne convient pas des faits de récusation, ou si le récusant n'apporte pas une preuve par écrit ou un commencement de preuve écrite des causes de récusation, il est laissé à la prudence du Tribunal de rejeter la récusation sur la simple déclaration du Juge, ou d'ordonner la preuve testimoniale.

Dans ce dernier cas, les témoins seront entendus par le Tribunal en Chambre du Conseil, ou par un des Juges commis à cet effet.

527. — Si la récusation est dirigée contre le Juge d'instruction, elle devra être déclarée avant le rapport de ce magistrat ; si la récusation contre le Juge d'instruction est exercée par l'inculpé, elle devra être déclarée dans le premier interrogatoire, ou dès qu'il a eu connaissance des faits motivant la récusation.

Le Juge d'instruction dressera, de cette déclaration, un procès-verbal qui sera immédiatement transmis au Greffe du Tribunal Supérieur.

L'inculpé déduira les motifs de la récusation et énoncera les moyens de preuve à l'appui par acte signifié au Greffier.

528. — La récusation du Juge de police sera

9

aussi proposée par un acte dressé ainsi qu'il est dit à l'article 523.

L'acte de récusation sera signifié au Greffe du Tribunal de police dans les mains du Greffier, vingt-quatre heures au moins avant l'audience ; le Greffier visera l'original et communiquera immédiatement la copie au Juge de police, lequel, dans les deux jours, devra déclarer par écrit son acquiescement ou son opposition à l'acte de récusation, et, en attendant, l'affaire demeurera suspendue.

529. — Dans les vingt-quatre heures qui suivront le délai fixé par l'article précédent, la copie de la récusation laissée au Greffe et la réponse du Juge si elle a été donnée, seront transmises par le Greffier à l'Avocat Général qui les soumettra au Tribunal Supérieur en Chambre du Conseil.

Seront à cet égard observées les dispositions de l'article 526.

530. — Les récusations seront jugées en Chambre du Conseil par le Tribunal Supérieur, composé de trois Juges au moins, sans l'intervention d'aucune partie et sur les conclusions du Ministère Public.

Les parties pourront présenter des mémoires sans néanmoins que le jugement puisse en être retardé.

Les conclusions du Ministère Public seront données et le jugement sera prononcé en audience publique.

531. — Celui dont la récusation sera rejetée, sera, s'il n'a agi comme Officier du Ministère Public, condamné à une amende de cent francs au moins et de trois cents francs au plus, sans préjudice, s'il y a lieu, de l'action du Juge en réparation et dommages-intérêts, auquel cas, il s'abstiendra de prendre part à la décision ou de diriger l'instruction.

532. — Si la récusation est admise et si les Juges du Tribunal Supérieur restent en nombre insuffisant pour juger la cause principale, le Tribunal sera complété conformément à la loi sur l'organisation judiciaire.

Si la récusation a été admise contre le Juge d'instruction, le Président du Tribunal désignera un autre Juge pour en remplir les fonctions.

La Chambre du Conseil décidera si les actes d'instruction dressés par le Juge récusé doivent être annulés ou maintenus en tout ou en partie.

533. — Si la récusation est admise contre un autre Juge du Tribunal Supérieur ou contre le Juge de police, ils seront remplacés de la manière prescrite dans tous les cas d'empêchement par la loi sur l'organisation judiciaire.

CHAPITRE V.

DES JUGEMENTS PAR DÉFAUT ET DES ARRÊTS

PAR CONTUMACE.

534. — Lorsqu'un prévenu ou un contrevenant ne se présentera pas, quoique régulièrement assigné en police correctionnelle ou en simple police, ou qu'il refusera de se défendre, il sera jugé par défaut.

535. — Lorsqu'après une ordonnance de mise en accusation, l'accusé n'aura pu être saisi, ou ne se présentera pas dans les dix jours de la notification faite à son domicile dans la forme prescrite par l'article 162 ;

Ou lorsqu'après s'être présenté ou avoir été saisi, il se sera évadé ;

Il sera procédé contre lui par contumace.

536. — Le dixième jour après la notification de l'ordonnance de mise en accusation, le Président du Tribunal Supérieur rendra une ordonnance portant que l'accusé sera tenu de se présenter dans un nouveau délai de dix jours, sinon il sera déclaré rebelle à la loi ; qu'il sera suspendu de l'exercice des droits civils ; que ses biens seront séquestrés pendant l'instruction de la contumace ; que toute action en justice lui sera interdite pendant le même temps ; qu'il sera procédé contre lui malgré son absence ; que toute personne sera tenue d'indiquer le lieu où il se trouve.

537. — Le délai de dix jours courra à dater de la publication de l'ordonnance du Président.

Cette ordonnance fera mention du crime et de l'ordonnance de prise de corps ; elle sera publiée à son de trompe ou de caisse, et affichée à la porte du dernier domicile de l'accusé ou de sa dernière demeure, au lieu ordinaire des affiches de la Commune et à la porte du Tribunal Supérieur.

538. — Si l'accusé n'a pas d'habitation connue

ou certaine dans la Principauté, les publications et affiches seront faites seulement au lieu ordinaire des affiches et à la porte du Tribunal Supérieur.

539. — L'Officier ministériel chargé de la notification fera viser par le Maire son procès-verbal de publications et d'affiche.

540. — Ces formalités sont prescrites à peine de nullité.

541. — A l'expiration du délai de dix jours prescrit aux articles 536 et 537, il sera procédé au jugement de la contumace.

Aucun conseil, aucun défenseur ne pourra se présenter pour défendre l'accusé contumax.

542. — L'intervention de la partie civile sera admise dans le jugement de contumace, elle sera citée par le Ministère Public au domicile par elle élu, vingt-quatre heures au moins avant l'audience.

543. — En matière criminelle, la partie civile et la partie civilement responsable qui ne comparaissent pas, ni personne pour elles, sont jugées par défaut, lors même que l'arrêt est rendu par contumace contre l'accusé.

544. — Le jugement par défaut subsiste tant qu'il n'a pas été réformé sur l'opposition formée aux termes des articles 368, 393 ou sur l'appel émis conformément à l'article 409.

545. — Si l'accusé est absent de la Principauté ou s'il est dans l'impossibilité absolue de se rendre, ses parents ou ses amis pourront présenter son excuse et en plaider la légitimité.

Si le Tribunal trouve l'excuse légitime, il ordonnera qu'il sera sursis au jugement de l'accusé et au séquestre de ses biens pendant un temps fixé eu égard à la nature de l'excuse et à la distance du lieu où se trouve l'accusé ; le sursis pourra même, être prorogé, s'il est établi que l'empêchement absolu n'a pas cessé.

546. — Hors ce cas, il sera procédé de suite à la lecture de l'ordonnance de mise en accusation, de l'acte de notification de l'ordonnance ayant pour objet la représentation du contumax et des procès-verbaux dressés pour en constater la publication.

547. — Après cette lecture, le Ministère Public donnera ses conclusions, la partie civile prendra les siennes et le Tribunal après en avoir délibéré prononcera sur la contumace.

548. — Si l'instruction n'est pas conforme à la loi, le Tribunal l'annulera et ordonnera qu'elle sera reprise, à partir du plus ancien acte irrégulier.

Si l'instruction est régulière, le Tribunal prononcera sur l'accusation et statuera sur les intérêts civils, s'il y a lieu, le tout sans assistance ni intervention de Juges supplémentaires.

549. — Le contumax, qui aura été acquitté, ne pourra plus être poursuivi pour le même fait.

550. — S'il est condamné, ses biens seront, à partir de l'exécution de l'arrêt, considérés et régis comme biens d'absent ; et le compte du séquestre sera rendu à qui il appartiendra, après que la condamnation sera devenue irrévocable par l'expiration des délais accordés pour purger la contumace.

Durant le séquestre, il sera accordé des secours aux enfants, aux conjoints, au père ou à la mère du contumax, s'ils sont dans le besoin. Ces secours seront accordés par l'autorité administrative.

551. — Extrait de l'arrêt de condamnation sera dans les huit jours de la prononciation, à la diligence de l'Avocat Général, inséré dans le journal de la Principauté et affiché à la porte : 1° du dernier domicile du condamné, s'il est connu; 2° du Tribunal Supérieur.

Les effets que la loi attache à l'exécution par effigie seront produits à partir de l'accomplissement de cette formalité.

552. — Le recours en révision ne sera ouvert contre les arrêts de contumace, qu'à l'Avocat Général et à la partie civile en ce qui la regarde.

553. — En aucun cas, la contumace d'un accusé ne suspendra ni ne retardera l'instruction à l'égard de ses coaccusés présents.

554. — Le Tribunal pourra ordonner, après le jugement de ceux-ci, la remise des effets déposés au Greffe comme pièces de conviction lorsqu'ils seront réclamés par les propriétaires ou ayants droit.

Il pourra aussi ne l'ordonner qu'à charge de les représenter, s'il y a lieu.

Cette remise sera précédée d'un procès-verbal descriptif dressé par le Greffier, à peine de vingt-cinq à cent francs d'amende.

555. — Si le condamné se constitue prisonnier, ou s'il est arrêté avant que la peine soit éteinte par la prescription, l'arrêt rendu par contumace et les procédures faites contre lui depuis l'ordonnance de prise de corps ou de se représenter, seront anéantis de plein droit et il sera procédé à son égard dans la forme ordinaire.

556. — Si le condamné n'a été arrêté ou ne s'est représenté qu'après les cinq ans qui ont suivi l'exécution de l'arrêt de contumace, cet arrêt, conformément à l'article 30 du Code Civil, conservera, pour le passé, les effets produits dans l'intervalle écoulé depuis l'expiration des cinq ans jusqu'au jour de la comparution de l'accusé en justice.

557. — Il sera statué à nouveau par le même arrêt sur les dommages-intérêts.

558. — Dans le cas où le contumax se constitue prisonnier ou est arrêté, si, pour quelque cause que ce soit, des témoins se trouvent dans l'impossibilité de comparaître aux nouveaux débats, leurs dépositions écrites et les réponses écrites des autres accusés du même fait seront lues à l'audience; il en sera de même de toutes les autres pièces qui seront jugées par le Président être de nature à répandre la lumière sur le fait incriminé et sur les coupables.

559. — Le contumax, qui, après s'être représenté, obtiendrait son renvoi de l'accusation, sera toujours condamné aux frais occasionnés par sa contumace.

CHAPITRE VI.

DE LA MANIÈRE DONT SERONT REÇUES EN MATIÈRE CRIMINELLE, CORRECTIONNELLE ET DE POLICE, LES DÉPOSITIONS DES PRINCES ET PRINCESSES DE LA FAMILLE SOUVERAINE ET DU GOUVERNEUR GÉNÉRAL.

560. — Les Princes et Princesses de la Famille Souveraine et le Gouverneur Général ne pourront être cités en témoignage sans l'autorisation préalable du Prince, accordée par une ordonnance spéciale sur la demande d'une partie et le rapport de l'Avocat Général.

561. — Leurs dépositions seront reçues en la forme ordinaire par le Président du Tribunal Supérieur qui se transportera à leurs demeures assisté de son Greffier.

562. — Dans les débats, les procès-verbaux de ces dépositions seront lus publiquement.

563. — Si le Prince ordonnait ou autorisait leur comparution à l'audience, l'ordonnance prescrirait le cérémonial à observer à leur égard.

CHAPITRE VII.

DE LA RECONNAISSANCE DE L'IDENTITÉ DES INDIVIDUS CONDAMNÉS ÉVADÉS, JUGÉS PAR DÉFAUT OU PAR CONTUMACE, CONDAMNÉS AU BANNISSEMENT AYANT ROMPU LEUR BAN, ET REPRIS.

564. — Lorsqu'un individu condamné, évadé et repris niera son identité dans l'interrogatoire qui suivra son arrestation, la reconnaissance de son identité sera faite par le Tribunal Supérieur.

Il en sera de même de l'individu qui aura enfreint son ban et sera repris ; dans ce cas le Tribunal, en prononçant sur l'identité, lui appliquera la peine attachée par la loi à cette infraction.

Tous ces jugements, que l'individu repris ait été condamné en matière correctionnelle ou en matière criminelle, seront rendus sans assistance de Juges supplémentaires, après que le Tribunal Supérieur aura entendu les témoins appelés tant à la requête de l'Avocat Général qu'à celle de l'individu repris, si ce dernier en a fait citer.

L'audience sera publique, et l'individu repris sera présent, à peine de nullité.

565. — Si l'identité de l'individu repris est reconnue, le Tribunal le déclarera dans le jugement et renverra le condamné au lieu où la peine doit être subie.

566. — L'Avocat Général et le condamné pourront se pourvoir en révision en la forme ordinaire.

CHAPITRE VIII.

DE LA MANIÈRE DE PROCÉDER EN CAS DE DESTRUCTION OU D'ENLÈVEMENT DES PIÈCES OU DU JUGEMENT D'UNE AFFAIRE.

567. — Lorsque par l'effet d'un incendie, d'une inondation ou de toute autre cause, des minutes des arrêts ou des jugements rendus en matière criminelle, correctionnelle ou de police et non encore exécutés, ou des procédures encore indécises, auront été détruites, enlevées, ou se trouvent égarées, et qu'il n'aura pas été possible de les rétablir, il sera procédé ainsi qu'il suit :

568. — S'il existe une expédition ou copie authentique de l'arrêt ou du jugement, elle sera considérée comme minute et remise dans le dépôt destiné à la conservation des arrêts et jugements.

A cet effet, tout Officier public ou tout individu dépositaire d'une expédition ou d'une copie authentique de l'arrêt ou du jugement est tenu, sous peine d'y être contraint par corps, de la remettre au Greffe du Tribunal qui l'a rendu, sur l'ordre qui en sera donné par le Président du Tribunal Supérieur.

Cet ordre lui servira de décharge envers ceux qui auront intérêt à la pièce.

Le dépositaire de l'expédition ou copie authentique de la minute détruite, enlevée ou égarée, aura la liberté, en la remettant dans le dépôt public, de s'en faire délivrer une expédition sans frais.

569. — Lorsqu'il n'existera plus d'expédition ni de copie authentique du jugement ou de l'arrêt, si les pièces de la procédure existent encore, il sera procédé, d'après ces copies, à un nouvel arrêt ou jugement.

Si les pièces n'existent plus ou n'existent qu'en partie, l'instruction sera recommencée à partir du point où les pièces se trouvent manquer tant en minute qu'en expédition ou copie authentique.

570. — Lorsqu'il sera procédé à de nouveaux débats et à un nouveau jugement, il pourra être produit des témoins tant par le Ministère Public et la partie civile que par l'inculpé, pour rendre compte des circonstances et du résultat du jugement et des pièces détruites, enlevées ou égarées, sauf au Tribunal à y avoir tel égard que de raison.

571. — Dans tous les cas et pour tous effets, le jugement de condamnation non exécuté, qui n'est représenté ni en minute, ni en expédition ou copie authentique, sera considéré comme n'ayant jamais existé, et ne pourra servir de base pour prononcer la peine de récidive.

TITRE V.

DE QUELQUES OBJETS D'INTÉRÊT PUBLIC.

—

CHAPITRE Iᵉʳ.

DE LA MAISON D'ARRÊT ET DES PRISONS.

572. — La maison d'arrêt est destinée à recevoir et retenir les inculpés de crimes ou de délits qui y seront envoyés par mandat de dépôt ou d'arrêt, ou contre lesquels il aura été rendu une ordonnance de prise de corps.

Les prisons sont établies pour recevoir et retenir les individus condamnés aux peines prononcées par les Tribunaux.

573. — Le gardien de la maison d'arrêt et des prisons aura deux registres à colonnes qui seront signés et paraphés à tous les feuillets par le Président du Tribunal Supérieur.

Le premier de ces registres sera affecté au service de la maison d'arrêt; il contiendra les noms, prénoms, âge, nationalité, profession des inculpés, l'énonciation sommaire des crimes, délits ou contraventions qui ont motivé l'arrestation, l'inscription sommaire des ordres, mandats ou ordonnances de prise de corps en vertu desquels ils sont arrêtés, l'acte et la date de la remise.

Le second de ces registres réservé au service des

prisons contiendra également les noms, prénoms, âge, nationalité, profession des condamnés à la peine d'emprisonnement ou de la réclusion ; l'inscription sommaire du dispositif du jugement ou de l'arrêt de condamnation et sa date ; l'énonciation sommaire des crimes ou délits qui ont motivé la condamnation ; la date de l'entrée dans la prison et la durée de la peine ; l'acte et la date de la remise du prisonnier.

Les deux registres feront aussi mention en marge de l'acte de remise, du jour de la sortie des prisonniers et des actes, ordonnances ou jugements en vertu desquels elle aura eu lieu.

574. — Tout exécuteur de mandat d'arrêt, d'ordonnance de prise de corps, d'arrêt ou de jugement de condamnation, est tenu, au moment de la remise au gardien de la personne qu'il conduit, de faire inscrire en sa présence sur le registre, l'acte dont il est porteur. Cette inscription sera signée tant par lui que par le gardien qui lui en donnera copie signée pour sa décharge.

575. — Le gardien ne pourra, à peine d'être poursuivi comme coupable de détention arbitraire, recevoir ni retenir aucune personne qu'en vertu soit d'un mandat de dépôt ou d'arrêt, soit d'une ordonnance de prise de corps, d'un ordre écrit d'une autorité compétente, d'un jugement ou d'un arrêt de condamnation, et sans faire sur ses registres les énonciations et inscriptions prescrites par l'article précédent.

576. — Dans le cas de remise de plusieurs inculpés d'un même crime ou délit, le gardien de la prison devra les tenir, autant que possible, séparés les uns des autres, de manière à empêcher toute communication entre eux, jusqu'à ce qu'il ait reçu, à cet égard, les ordres du Juge d'instruction.

577. — Le Juge d'instruction est tenu de visiter deux fois par mois les personnes détenues dans la maison d'arrêt et dans les prisons.

578. — Le Président du Tribunal Supérieur et l'Avocat Général sont tenus de visiter, ensemble ou séparément, au moins une fois par trimestre, les personnes détenues.

579. — Le Maire de la ville, auquel appartient, sous la surveillance du Gouverneur Général, la police de la maison d'arrêt et des prisons, sera tenu d'en faire la visite au moins une fois par mois.

Il veillera à ce que la maison d'arrêt et les prisons soient non-seulement sûres, mais propres et telles que la santé des prisonniers ne puisse être aucunement altérée; à ce que la nourriture soit suffisante et saine, et à ce que les prisonniers soient pourvus de tout ce qui leur est nécessaire.

580. — Les magistrats et fonctionnaires désignés aux articles 577, 578 et 579 se transporteront à la maison d'arrêt ou aux prisons, toutes les fois qu'ils y seront appelés par un prisonnier pour recevoir ses réclamations ou ses dépositions, et toutes les fois que des causes graves pourront rendre leur présence nécessaire.

581. — Le Juge d'instruction et le Président du

Tribunal Supérieur pourront donner respectivement tous les ordres qui devront être exécutés dans la maison d'arrêt et qu'ils croiront nécessaires soit pour l'instruction, soit pour le jugement.

Ils pourront même sur les conclusions de l'Avocat Général, ordonner de tenir la personne détenue au secret, mais ils ne devront user de cette mesure qu'avec réserve et qu'autant qu'elle sera indispensable à la manifestation de la vérité et seulement durant le temps strictement nécessaire pour atteindre ce but; elle aura lieu sur une ordonnance qui sera transcrite sur le registre de la maison d'arrêt.

Hors le cas ci-dessus, le défenseur ou conseil de l'accusé pourra communiquer avec lui, après son dernier interrogatoire.

582. — Il ne pourra être ajouté à la mesure d'instruction autorisée par l'article précédent aucune rigueur qui ne serait pas nécessaire, et l'inculpé momentanément privé de communication devra être traité comme les autres prisonniers.

583. — Les magistrats instructeurs pourront, durant l'instruction, autoriser les parents des prisonniers à les visiter.

584. — Si un prisonnier use de menaces, injures ou violences, soit à l'égard du gardien ou de ses préposés, soit à l'égard d'autres prisonniers ou de toute autre personne, le gardien en donnera immédiatement avis au Maire qui, après avoir vérifié le fait, en référera au Juge d'instruction; et sur les ordres de ce magistrat, le prisonnier pourra être resserré plus étroitement, enfermé seul, même mis aux fers en cas de fureur ou de violence grave, sans préjudice des poursuites qu'il y aurait lieu d'exercer contre lui à raison de ces violences.

En ce cas le Juge d'instruction dressera procès-verbal qui sera transmis sans retard à l'Avocat Général, lequel fera, à ce sujet, les réquisitions qu'il appartiendra.

585. — Aucun détenu ne sera mis en liberté qu'en vertu, soit d'un jugement ou d'un arrêt, soit d'une ordonnance ou d'un ordre écrit de l'autorité compétente.

En cas de contravention, le gardien sera puni aux termes des dispositions du Code Pénal comme coupable ou complice de négligence, ou de connivence d'évasion.

586. — Les détenus malades ne seront transportés à l'Hôtel-Dieu que lorsque la nécessité en aura été constatée et sur l'autorisation donnée de concert avec l'Avocat Général par le Juge d'instruction, qui prescrira les précautions à employer pour leur garde.

CHAPITRE II.

DES MOYENS D'ASSURER LA LIBERTÉ INDIVIDUELLE CONTRE LES DÉTENTIONS ILLÉGALES ET AUTRES ACTES ARBITRAIRES.

587. — Toute arrestation exercée hors les cas prévus par la loi et sans les formalités qu'elle prescrit, sera réputée illégale ; les contrevenants pourront être poursuivis et punis comme coupables ou complices de détention arbitraire.

588. — Seront pareillement poursuivis et punis comme coupables ou complices de détention arbitraire, tous ceux qui, n'ayant pas reçu de la loi le pouvoir de faire arrêter, donneront, signeront, exécuteront ou feront exécuter l'ordre d'arrestation d'une personne quelconque, et tous ceux qui, même dans le cas d'arrestation autorisée par la loi, conduiront, recevront ou retiendront la personne arrêtée dans un lieu de détention non légalement désignée comme tel.

589. — Quiconque aura connaissance qu'un individu est détenu dans un lieu qui n'a pas été destiné à servir de maison d'arrêt ou de prison, est tenu d'en donner immédiatement avis soit au Gouverneur Général ou au Maire, soit à l'Avocat Général, au Président du Tribunal Supérieur, au Juge d'instruction ou au Juge de Paix. Il pourra aussi en faire sa déclaration signée de lui au Greffe de la Justice de Paix ou du Tribunal Supérieur.

590. — Ces fonctionnaires ou magistrats seront tenus d'office, ou sur l'avis qu'ils auront reçu, sous peine d'être poursuivis comme complices de détention arbitraire, de se transporter aussitôt auprès de la personne détenue, de la faire mettre en liberté, ou s'il est allégué quelque cause légale de détention, de procéder conformément aux dispositions du présent

Code ou de la faire conduire sur-le-champ devant le magistrat compétent.

Ils dresseront du tout procès-verbal ; ils décerneront au besoin des mandats de comparution, d'amener ou de dépôt.

501. — En cas de résistance, ils pourront se faire assister de la force nécessaire, et toute personne requise est tenue de prêter main-forte.

502. — Le gardien de la maison d'arrêt et des prisons sera poursuivi comme coupable de détention arbitraire, s'il refuse de montrer les personnes détenues à leurs parents ou amis, porteurs de la permission du Maire, ou de justifier de l'ordre qui le lui défend.

503. — Le gardien sera également poursuivi comme coupable ou complice de détention arbitraire, s'il refuse, sur la réquisition qui en sera faite, de montrer au porteur de l'ordre de l'officier civil ayant la police de la maison d'arrêt et des prisons, la personne du détenu, ou de montrer l'ordre qui le lui défend, ou s'il refuse au Président du Tribunal Supérieur, au Juge d'Instruction, aux Officiers du Ministère Public ou au Maire, l'exhibition de ses registres ou de leur laisser prendre telle copie qu'ils croiront nécessaire de partie desdits registres.

504. — Toutes rigueurs employées dans les arrestations, détentions ou exécutions, autres que celles autorisées par les lois, sont sévèrement proscrites et réputées crimes ou délits selon les circonstances.

505. — Le gardien devra informer immédiatement l'Avocat Général de la mort ou de l'évasion d'un détenu. S'il s'agit d'un détenu non encore jugé, il préviendra en même temps le Juge d'Instruction.

CHAPITRE III.

DE LA RÉHABILITATION DES CONDAMNÉS.

596. — Tout condamné à une peine afflictive ou infamante, qui a subi sa peine, ou qui a obtenu des lettres de grâce, peut être réhabilité.

La demande en réhabilitation ne pourra être formée par lesdits condamnés que cinq ans après l'expiration de leur peine.

En cas de commutation, la demande pourra être formée quatre ans après l'expiration de la nouvelle peine, et, en cas de grâce, quatre ans après l'enregistrement des lettres de grâce.

597. — La demande en réhabilitation des condamnés à une peine correctionnelle, pourra être formée trois ans après l'expiration de la peine, et, en cas de grâce, deux ans après l'enregistrement des lettres de grâce.

598. — Les délais et les formalités prescrits pour la réhabilitation pourront, dans tous les cas, être remis par le Prince.

599. — Nul ne sera admis à demander sa réhabilitation s'il ne demeure depuis trois ans dans la

Principauté, et s'il ne joint à sa demande des attestations de bonne conduite délivrées par l'autorité municipale du lieu où il aura résidé depuis l'expiration de sa peine. Ces attestations de bonne conduite devront être approuvées par l'autorité supérieure du lieu où elles auront été délivrées.

600. — La demande en réhabilitation, les attestations exigées par l'article précédent, et l'expédition de l'arrêt ou jugement de condamnation seront déposées au Greffe du Tribunal Supérieur.

601. — La notice de la demande en réhabilitation sera affichée à la porte du Tribunal Supérieur et insérée au journal de la Principauté.

602. — La requête et les pièces seront communiquées à l'Avocat Général, qui donnera ses conclusions motivées et par écrit.

603. — L'affaire sera ensuite rapportée au Tribunal Supérieur, en Chambre du Conseil.

604. — Le Tribunal pourra ordonner et le Ministère Public requérir de nouvelles informations en tout état de cause.

605. — Le Tribunal Supérieur, après avoir entendu les conclusions de l'Avocat Général, donnera son avis motivé.

Cet avis ne pourra toutefois être donné qu'un mois après la présentation de la demande en réhabilitation.

606. — L'avis du Tribunal, ensemble les pièces sur lesquelles il aura été émis, seront transmis au Prince dans le plus bref délai.

607. — Si la réhabilitation est prononcée, l'ordonnance souveraine accordant les lettres de réhabilitation est enregistrée au Tribunal Supérieur, sur la présentation de l'Avocat Général, et transcrite en marge de la minute de l'arrêt ou du jugement de condamnation.

608. — Si la demande est rejetée, le condamné pourra se pourvoir de nouveau, après un nouvel intervalle de cinq ans ou de quatre ans, suivant les cas prévus aux articles 596 et suivants.

609. — La réhabilitation pourra être également accordée aux condamnés pour récidive, soit à des peines afflictives ou infamantes, soit à des peines correctionnelles ; mais les délais pour l'admission de la demande seront, à leur égard, portés au double.

610. — La réhabilitation fera cesser, pour l'avenir, dans la personne du condamné, toutes les incapacités qui résultaient de la condamnation ; elle produira son effet du jour de l'enregistrement par le Tribunal Supérieur des lettres de réhabilitation.

611. — Le condamné qui, après avoir obtenu sa réhabilitation, aura encouru une nouvelle condamnation, ne sera plus admis au bénéfice de la réhabilitation.

CHAPITRE IV

DE LA PRESCRIPTION.

612. — Les peines portées par les arrêts rendus en matière criminelle se prescrivent par vingt années révolues à compter de la date des arrêts.

613. — Les peines portées par les jugements rendus en matière correctionnelle se prescrivent par cinq années révolues à compter de la date des jugements, s'ils sont contradictoires, et à compter de la signification, s'ils ont été rendus par défaut.

614. — Les peines portées par les jugements rendus pour contraventions de police sont prescrites après deux années révolues à compter de la date du jugement, s'il est contradictoire, et de la signification, s'il est rendu par défaut.

615. — L'action publique et l'action civile résultant d'un crime de nature à entraîner la peine de mort ou des peines afflictives perpétuelles, ou de tout autre crime emportant peine afflictive ou infamante, se prescriront après dix années révolues à compter du jour où le crime aura été commis, si dans cet intervalle il n'a été fait aucun acte d'instruction ni de poursuite.

S'il a été fait, dans cet intervalle, des actes d'instruction ou de poursuite non suivis de jugement, l'action publique et l'action civile ne se prescriront qu'après dix années révolues à compter du dernier acte, à l'égard même des personnes qui ne seraient pas impliquées dans cet acte d'instruction ou de poursuite.

616. — Le crime de parricide, et le crime de lèse-majesté punissable comme le parricide, ne se prescriront ni pour la peine ni pour l'action publique.

617. — Néanmoins, dans le cas où le coupable des crimes mentionnés à l'article précédent, serait arrêté après les dix ans ou après les vingt ans fixés par les articles 612 et 615, la peine de mort encourue sera changée en celle des travaux forcés à perpétuité ou à temps, ou même de la réclusion, selon les circonstances.

618. — La durée de la prescription sera réduite, s'il s'agit d'un délit passible de peines correctionnelles, à trois années révolues à compter du jour du délit, lorsque, dans cet intervalle, il n'a été fait aucune poursuite, ou à compter du dernier acte d'instruction ou de poursuite, même à l'égard de ceux non impliqués dans les poursuites.

619. — L'action publique et l'action civile pour une contravention de police, seront prescrites après une année révolue à compter du jour où elle aura été commise, même lorsqu'il y aura eu procès-verbal, saisie, instruction ou poursuite, si, dans cet intervalle, il n'est point intervenu de condamnation ; s'il y a eu un jugement définitif de première instance, de nature à être attaqué par la voie de l'appel, l'action publique et l'action civile se prescriront après une année révolue à compter de la notification de l'appel qui en aura été interjeté.

620. — La récidive en fait de crime interrompra la prescription des peines prononcées, soit pour crimes, soit pour délits.

621. — La récidive en fait de délit n'interrompra la prescription que relativement aux peines correctionnelles.

622. — Dans tous les cas, le temps pour prescrire ne commencera à courir nouvellement que du jour où aura commencé la prescription du dernier crime ou délit.

623. — En aucun cas, les condamnés par défaut ou par contumace, dont la peine est prescrite, ne peuvent se présenter pour purger le défaut ou la contumace.

624. — Les condamnations civiles, portées par les arrêts ou par les jugements rendus en matière criminelle, correctionnelle ou de police, et devenues irrévocables, se prescriront par les règles établies au Code Civil.

625. — Il en sera de même pour l'action en restitution ou en revendication du corps du délit et de tous objets provenant d'icelui.

626. — Cependant si les propriétaires ne les réclamaient pas dans l'année, le Greffier serait autorisé à les remettre au Receveur des Domaines qui les ferait vendre aux enchères.

627. — Dans le cas où ces objets seraient sujets à dépérissement, le Président du Tribunal Supérieur en ordonnerait la remise au Receveur et la vente, même avant l'expiration de l'année.

628. — Les sommes provenant des dites ventes seront versées dans la caisse du Trésorier Général, et les ayants-droit pourront les réclamer jusqu'à l'expiration du délai de la prescription.

629. — Les dispositions du présent chapitre ne dérogent pas aux lois particulières relatives à la prescription des actions résultant de certains délits ou de certaines contraventions.

DISPOSITIONS GÉNÉRALES

—

630. — Les affaires criminelles, correctionnelles et de police seront instruites, à partir du 1er mars 1874, conformément aux dispositions du présent Code.

631. — Lorsque le Conseil de Révision ou le Trinal Supérieur annuleront un acte d'instruction et tous ceux qui en dépendent, ils pourront, s'il y a eu faute grave, ordonner d'office que l'acte sera refait et la procédure recommencée aux frais de l'Officier de police judiciaire responsable de la nullité.

632. — Sont et demeurent abrogées toutes les dispositions des lois et ordonnances antérieures, contraires au présent Code.

Notre Secrétaire d'Etat, Notre Avocat Général et Notre Gouverneur Général sont chargés, chacun en ce qui le concerne, de l'exécution de la présente Ordonnance.

Donné en Notre Palais, à Monaco, le trente-un décembre mil huit cent soixante-treize.

CHARLES.

Par le Prince :
Le Secrétaire d'Etat,
Cʰᵉʳ VOLIVER.

TABLE DES MATIÈRES

DU

CODE D'INSTRUCTION CRIMINELLE

LIVRE PREMIER

TITRE Ier

DIPOSITIONS PRÉLIMINAIRES

CHAPITRE IV.

TITRE II

DE LA POLICE JUDICIAIRE

ET DES OFFICIERS DE POLICE QUI L'EXERCENT.

CHAPITRE Ier

CHAPITRE II.

CHAPITRE III.

DES DÉNONCIATIONS, DES PLAINTES

ET DES PARTIES CIVILES

§ Ier

§ II.

CHAPITRE IV.

LIVRE DEUXIÈME

—

DE LA JUSTICE

—

TITRE Ier

DES AFFAIRES CRIMINELLES, CORRECTIONNELLES ET DE POLICE

—

CHAPITRE Ier

DES AFFAIRES CRIMINELLES.

§ Ier

TITRE II

—

DE L'EXÉCUTION

Pages

———

TITRE III

DES MANIÈRES DE SE POURVOIR CONTRE LES ARRÊTS OU JUGEMENTS

DES NULLITÉS

DU RECOURS EN RÉVISION ET DE LA RÉVISION D'UN PROCÈS

—

CHAPITRE Ier

§ Ier

§ II.

CHAPITRE II.

DE LA RÉVISION.

§ Ier

§ II.

TITRE IV

DE QUELQUES PROCÉDURES PARTICULIÈRES.

—

CHAPITRE Ier

CHAPITRE II.

CHAPITRE III.

CHAPITRE IV.

CHAPITRE V.

CHAPITRE VI.

CHAPITRE VII.

CHAPITRE VIII.

TITRE V

DE QUELQUES OBJETS D'INTÉRÊT PUBLIC.

CHAPITRE Iᵉʳ

CHAPITRE II.

CHAPITRE III.

CHAPITRE IV.

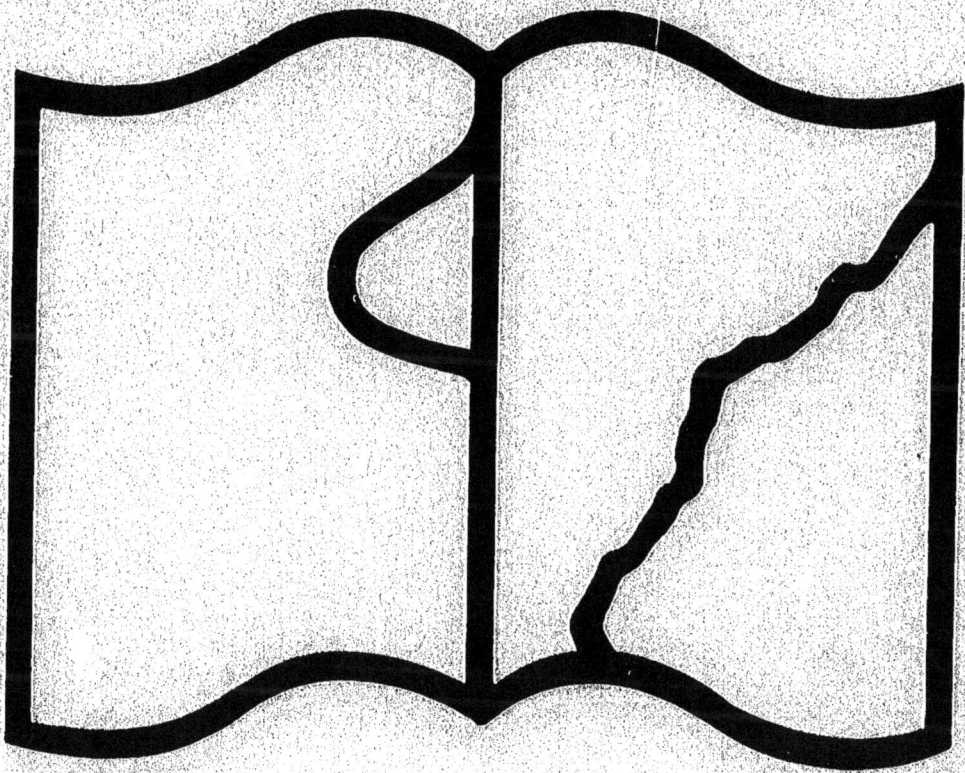

Texte détérioré — reliure défectueuse

NF Z 43-120-11